Révéroni Saint-Cyr, Jacques-Antoine de (Baron)

Essai sur le perfectionnement des beaux-arts par les sciences exactes, ou Calculs et hypothèses sur la poésie, la peinture et la musique, par R*. S. C*.,...T2 - Paris : C. Pougens, (an) XII-1803.- in-8°,244p. et 2 pl.

V 24937

V 2656
22. a. 5. 2.

ESSAI

SUR LE PERFECTIONNEMENT

DES

BEAUX-ARTS,

PAR LES SCIENCES EXACTES.

TOME II.

ESSAI

SUR LE PERFECTIONNEMENT

DES

BEAUX-ARTS,

PAR LES SCIENCES EXACTES,

OU

CALCULS ET HYPOTHÈSES

SUR LA POÉSIE,

LA PEINTURE ET LA MUSIQUE;

Par R* S. C*,

Membre de la Société des Sciences et Arts de Paris, et de plusieurs autres Sociétés Savantes et Littéraires.

TOME DEUXIÈME.

PARIS,

Ch. POUGENS, quai Voltaire, n.º 10.
HENRICHS, rue de la Loi, à l'ancienne Librairie de Dupont.
MAGIMEL, quai des Augustins.

XII. — 1803.

ESSAI
SUR LE PERFECTIONNEMENT
DES BEAUX-ARTS,
PAR LES SCIENCES EXACTES.

DE LA PEINTURE.

La peinture, en général, est l'art de tracer sur un plan les courbes qui déterminent les contours des corps ; de leur donner ensuite, soit par d'autres courbes, soit par le coloris, la forme, la nuance et la distance convenables ; en un mot, de produire pour l'œil l'impression complette de la réalité.

Il y a donc deux moyens distincts dans cet art : le tracé et le coloris.

Le *tracé*, qu'on peut nommer la mélodie de la peinture, en ce qu'il doit être sans cesse d'accord avec la nature, comme la mélodie dans le chant est toujours son accent fidèle, ainsi que nous croyons l'avoir démontré ; le tracé, dis-je, qu'on appelle *composition* ou *esquisse*, résulte de l'assemblage combiné des contours des corps. Ces contours se composent de lignes courbes ; ces lignes courbes ont toutes un but : c'est donc de l'analyse de ce but et de celle de ces courbes, que doivent se déduire les intentions du peintre, pour que ses moyens soient conformes à la vérité.

DE L'IMITATION

DE LA NATURE EN GÉNÉRAL,

ET DE CELLE DES MINÉRAUX ET DES VÉGÉTAUX.

Les courbes des grandes masses sont connues ; celles de la sphère céleste et terrestre, celles des planétes et d'une infinité de corps, sont déterminées par les calculs des géomètres, et la plupart des peintres se servent habilement de ces données dans leurs compositions : les courbes des arrêtes des montagnes, celles de leurs parties saillantes ou rentrantes, qui se correspondent dans les vallées ; les courbes de leurs couches, motivées par les accidens de la nature et par ses grands phénomènes dont les résultats parfois sont calculables, guident également le peintre instruit dans la composition du sol ; mais que d'erreurs encore sous les rapports mécaniques et physiques, dans les tableaux les plus estimés ! Que d'impossibilités rendues vraisemblables dans les détails, au préjudice de l'art et de l'instruction ! Ici, c'est un fleuve rapide, immense, vu depuis sa source jusqu'aux mers, géant liquide dont les artères nourriciers ne sont pas en proportion avec la masse d'eau qu'il transporte, et dont les vallées applaties et en petit nombre qui l'environnent, produiraient à peindre le Scamandre, au lieu du redoutable Achéloüs qu'on a voulu peindre : plus loin, ce sont des accidens de terrain, impossibles en ce que les lignes de plus grande pente se croiseraient ou excéderaient le talus naturel et même possible des terres ; là, ce sont des rochers dont la direction des couches est en contradiction avec la couleur qui indique une nature de sol différente. Une foule d'autres exemples se présentent encore, et même en des chefs-d'œuvre, qu'on n'ose citer.

Toutes ces erreurs proviennent de courbes méconnues et pourtant susceptibles d'être déterminées rigoureusement, soit par la mécanique pour l'équilibre des corps, soit par la physique ou la chimie, pour leur forme et leur couleur. Ces courbes que trace le plus souvent l'instinct ou plutôt le tact du peintre instruit, même en perspective et en d'autres parties de son art, demandent à être méditées scrupuleusement ; et bien que la multitude ne saisisse que l'ensemble, la vérité des détails ne doit pas laisser la moindre tache pour l'œil du connaisseur.

Il semblerait donc d'abord que dans

les sujets simples d'imagination et sans personnages, le peintre, au lieu de jeter d'inspiration sa perspective, qui dès-lors est souvent défectueuse en quelque point, devrait commencer par l'établir rigoureusement par des plans et profils préliminaires, quoique conçus aussi idéalement.

Cette opération simple, en se bornant à un petit nombre de points, serait rapide et sûre; elle préviendrait une foule d'erreurs imperceptibles, à la vérité, mais qui déparent l'ouvrage.

Quant au plan d'abord, il établirait par un nivellement idéal, les courbes horizontales des couches du sol, si varié qu'il l'imagine. Ces courbes, qui conservent un certain parallélisme, sauf les accidens des détails, se construiraient d'après la connaissance du lieu de la scène à représenter, et s'il est extrait de cartes connues, les points principaux se fixeraient aisément. Ces courbes, qu'on peut appeler de *nivellement*, en ce qu'elles expriment celles que traceraient les eaux diluviales à chaque période d'accroissement, donnent évidemment le bassin des mers des lacs et des grandes masses d'eau livrées à leur propre équilibre. Le peintre est sûr que les bornes fixées ainsi en plan, seront vraies en perspective. Les points limitrophes des forêts, des villes et même des Etats, déterminés ainsi par leur position relative sur ces courbes horizontales, assureront leur position définitive, et l'exactitude géométrique présidera ainsi à la forme et aux contours de tous les accidens de la nature qui font la magie du tableau.

Les profils des grandes masses sont également faciles à déterminer. Les hauteurs des principales montagnes sont connues par le travail des géomètres, la connaissance des lois des pentes pour les eaux, celle de leurs ramifications, du décroissement des mamelons et des colines, jusqu'au point le plus bas des vallées, qui est toujours sur l'axe du lit des fleuves; tous ces élémens donnent la facilité d'établir des profils vraisemblables de ces grandes masses, et qui, combinés ensuite avec les plans, assureront ainsi la vérité des perspectives (1); mais il est nécessaire pour être exact rigoureusement dans ces profils même, de connaitre déjà une partie de la mélodie, c'est-à-dire du tracé des détails de la nature, tels que celle des montagnes, ravins, torrens, vallées et autres résultats de l'ossification terrestre, altérée par les fluides de ce corps vivant immense.

Occupons-nous donc d'abord de la vérité des courbes de ces détails.

Pour les *montagnes* d'abord, on sait que ces tumeurs osseuses du grand squelette terrestre ont pour noyaux, les cristallisations imparfaites qu'on nomme pierres; ces cristaux, quelque gros-

---

(1) Je ne parlerai point de la perspective, qui est l'art de représenter, sous divers aspects, les formes réelles dont nous nous occupons exclusivement, et que les plans et profils seuls montrent dans leurs dimensions véritables.

siers qu'ils soient, quelque difficulté qu'on éprouve à les classer bien rigoureusement, d'après leurs angles et facettes, n'en peuvent pas moins déjà servir utilement pour déterminer d'une manière assez précise à l'œil, la nature des rochers, noyaux des montagnes qu'on veut exprimer. Ces rochers, malgré les grands obstacles ou accidens qu'ils ont éprouvés, conservent encore assez exactement à leurs enveloppes les formes de leurs élémens. Le travail de Romé de Lille, sur ces cristallisations imparfaites, peut donc aider le peintre à établir le squelette de ces montagnes suivant la nature des rochers qui les composent, et d'après le sol connu qui les couvre et qui leur est propre. La correspondance, sinon exacte, du moins approchée des angles et côtés des élémens, donnera toujours aux masses une grande vérité, enfin puisqu'il est reconnu que l'on peut déterminer, d'après les seules mesures des angles, toutes les variétés des cristaux-pierres d'une même espèce, il s'ensuit que les prismes résultans de ces élémens, seront fixés à l'artiste, et qu'il attachera ainsi le nom et la mélodie à ces détails importans de son ouvrage.

Les vallées qui sont le résultat de la séparation à ces grands cristaux primitifs, quelque recouverts de terre que soient leurs prismes gigantesques, doivent indépendamment de la broderie élégante, tracée par les bois et les champs, avoir pour vêtemens, des couches terreuses conformes à un certain point aux faces des noyaux pierreux des montagnes qui les avoisinent. Or les prismes de ces noyaux étant connus, doivent influer sous ce rapport sur le lit des vallées, et aider de plus en plus le peintre à préparer leur forme qu'il combine ensuite avec les accidens généraux et locaux, tels que les dégradations du temps, le travail des eaux, le sciage qu'elles opèrent éternellement sur les bancs pierreux, et enfin avec la destruction, ouvrage de la main des hommes.

Les ravins et les cassures naturelles

des montagnes, mettant à jour bien plus clairement encore les cristallisations internes ; on sent combien la connoissance des faces et angles de ces prismes variés est nécessaire, pour ne pas errer dans le tracé de ces solides, et que si la forme superficielle peut être quelquefois le fruit de l'imagination, en ce que les noyaux cristallisés intérieurs sont seuls le véritable type, ces noyaux étant en évidence dans les ravins, ici les courbes de la rupture des faces, sont données et facilement reconnoissables pour le naturaliste ; le travail admirable d'Haüy, sur cette partie, peut être d'un grand secours aux peintres, en leur donnant les angles et faces des cristaux pierreux de toute espèce qui composent les montagnes, et pour prévenir les innombrables erreurs qu'on remarque en des tableaux estimés, ainsi les cassures *quartzeuses, vitreuses, écailleuses, grenues, lamelleuses, argileuses*, etc. auront toutes leur véritable place et ajouteront à la vérité du sol, s'il est connu, ou prépareront la connoissance de ses productions s'il est imaginé.

Les rivages des mers ou des fleuves, découvrant également les entrailles terrestres, quoique par les moyens successifs et mécaniques du frottement des eaux, nécessitent encore les mêmes observations du peintre, sur les cristallisations des bancs des rivages ; mais en ayant soin d'y combiner avec attention pour les rivages maritimes, l'attaque presque toujours perpendiculaire des flots qui rongeant les bancs d'une structure donnée d'abord, ont fini par couper en cicloïde les falaises jusqu'à la ligne des plus hautes eaux ; il en résulte que les courbes horizontales des prismes des rivages maritimes sont seules conservées, et que les courbes verticales, résultantes des arêtes variées de ces prismes, étant limées par les vagues jusqu'à ce qu'elles aient pris la forme cicloïdale, disparaissent sous cette courbe donnée, et ne conservent plus qu'une faible empreinte de la première, qui néanmoins doit se trouver exactement dans les cassures des falaises au-dessus des hautes eaux.

Les rivages des anses, conquis sur les terres et galets, sont des cicloïdes très-applaties qui se déterminent par la connaissance de la nature plus ou moins consistante des terres, toujours censées attaquées perpendiculairement par la mer. Les rivages des fleuves au contraire sont corrodés parallèlement aux courbes horizontales ; il en résulterait qu'en conservant moins les formes cicloïdales verticalement, ils devraient donner plus exactement celles des cristaux pierreux ; mais les variétés dans les hauteurs des eaux des fleuves qui changent souvent les lignes de surface, le changement même des courans qui rendent les chocs plus ou moins parallèles, dénaturent entièrement les faces prismatiques et rendent leur exécution moins rigoureuse.

Les sinuosités dans les terres se déterminent d'après la direction des courans combinés avec la nature du sol ;

mais en observant toujours qu'en général les parties rentrantes et saillantes correspondent à celles des montagnes qui forment les vallées d'encaissement des rivières, et en n'oubliant jamais que d'après la diminution des eaux du globe, les flancs et peut-être les sommets de ces montagnes ayant été les rivages primitifs, les eaux s'en sont éloignées en suivant toujours les formes de ces flancs et de leurs arêtes jusqu'au moment où nous essayons de peindre leur cours actuel. Ces observations sur les rivages suffisent, ce me semble, pour déterminer à-peu-près dans la peinture les limites des eaux ; et comme cet art ne met point à jour le fond de leur lit soumis à des lois rigoureuses, mais inutiles à observer ici, nous passerons à d'autres détails de la mélodie visuelle.

Les végétaux dont les formes variées, les couleurs et les produits font le charme des sens, soit en réalité, soit par la douce illusion du paysage, demandent à être étudiés sévèrement par le peintre. Toujours livré au travail servile du calque ou de l'imitation approximative, restera-t-il incertain sur la vérité de ses productions et sur leurs convenances, quand les sciences peuvent à chaque pas le guider, soit dans les contours, soit dans le coloris ?

Essayons donc de lui indiquer les courbes des contours des végétaux, et commençons par les arbres.

Les arbres peuvent être nommés les colonnes de l'architecture champêtre; leurs bases, leurs fûts, leurs chapiteaux, sont soumis à des proportions admirables que le génie de l'artiste ne doit pas franchir, et dont il doit se rapprocher sans cesse, s'il veut être vrai; il peut, ce me semble, considérer le chêne épais, l'érable, le frêne, le noyer, etc., comme l'ordre toscan de la nature; le sicomore, le bouleau, le hêtre et autres arbres de cette espèce, comme formant le dorique et l'ionique; enfin le sapin svelte, le cèdre majestueux, le pin odorant et s'élançant dans la nue, comme le corinthien de l'admirable voûte aérienne. Employées à chaque instant par le peintre, ces colonnes vivantes, soit qu'elles se présentent groupées comme pour soutenir la sombre coupole des antiques forêts, soit isolées, comme des obélisques ou des monumens de triomphe, ces colonnes vivantes, dis-je, ont une construction géométrique que nous tâcherons d'indiquer.

La base, quoique rarement apparente, est composée des racines et du chevelu; le dernier pour pomper les sucs séveux, les premiers pour les transmettre au tronc et le consolider en tout sens, comme formant le piédestal de la colonne. Les racines imitent donc le *tors* en architecture. Plus ou moins contournées, suivant l'espèce d'ordre végétal dans lequel nous les considérons, elles sont plus resserrées, plus tortues dans le toscan du chêne, de l'érable, du sicomore, que dans les ordres plus sveltes, et nous verrons plus bas quelles sont les proportions de ces socles naturels.

Le tronc ou fût de l'arbre a presque toujours un nombre de modules assez exact et relatif à l'ordre auquel il appartient. Le peintre doit donc en faire l'observation pour ne pas offrir des proportions gigantesques souvent impossibles, et pour se restreindre en des limites naturelles.

Le toscan végétal a d'ordinaire dix modules de hauteur, depuis le sol jusqu'à la naissance des branches, et en prenant pour module la section de l'arbre, à fleur du sol ou dans son plus grand diamètre. Le dorique en a quinze à vingt ; enfin le corinthien en a jusqu'à 50 et 80; dans toute cette hauteur, *le tronc* ou fût devrait être cylindrique ou plutôt legérement conique, si les accidens de la séve et les maladies de l'arbre n'en altéraient la forme ; il n'en est pas moins vrai que le peintre doit prendre pour base du trait primitif ce type fondé, auquel il ajoute ensuite les accidens naturels les plus fréquens. En conséquence le trait de milieu du tronc déterminé en hauteur, la forme circulaire

laire doit être le type primitif du module, puisque dès sa naissance le rejeton peut être à chaque section qu'on en ferait, considéré comme un vase flexible, dans lequel la séve coule et qu'elle dilate uniformément, c'est-à-dire en forme circulaire. Aussi, voit-on, que les arbres dont la crue est rapide et qui soumis à cette loi éprouvent moins d'altération, sont les plus cylindriques, tels que le sapin, le méleze, le bouleau, etc.

Ces deux types tracés, l'artiste y ajoute les obtubérances suite des expansions séveuses ou des maladies des arbres, pour en rendre les effets plus sensibles à l'œil; il est sûr alors d'avoir une masse vraie et que les détails ingénieusement choisis rendent plus vraisemblable encore.

Le chapiteau ou masse des branches et du feuillage est la partie essentielle à observer comme frappant davantage le spectateur par son étendue, ses formes variées et ses nuances. L'artiste doit donc étudier sévèrement les causes qui influent sur cette chevelure du globe. Ces tubes capillaires élancés dans l'atmosphère, où ils s'alimentent de calorique, d'oxigène, et où ils représentent de véritables racines renversées et absorbantes, sont soumis à des lois chimiques et géométriques qui doivent servir de type en peinture, et que nous allons essayer d'exposer.

Le tronc placé, la direction des branches et des feuilles me semble liée intimément à la composition végétale ; en effet, puisque tout a un but dans la nature, la forme de l'objet dépend nécessairement de ce but, cherchons donc à établir les formes d'après ce principe, et nous aurons des bases exactes et non une imitation servile pour les courbes de masses des branchages.

Le phénomène de la combustion me paraît être la source où l'on doit puiser ce qui manque dans chaque végétal, pour en conclure la forme des organes propres à faire ainsi affluer ou à raréfier ses principes composans. En effet s'il est bien reconnu que les trois principaux sont le *carbone*, *l'oxigène* et *l'hydrogène*, il suffira d'observer leurs proportions relatives dans les grands végétaux pour en conclure les variétés des organes qui les absorbent, c'est-à-dire des branches et des feuilles ; en un mot l'absorption du calorique et de l'oxigène me paraît devoir servir de règle pour juger les organes et par conséquent les formes de ces chapiteaux verdoyans.

Ainsi en parcourant nos divers ordres d'architecture végétale et en observant leurs variétés dans la combustion, nous verrons d'abord le chêne, le noyer, le sicomore, le catalpa, etc., et tous les arbres à branches horisontales nombreuses et à feuille dentelée, avoir une combustion plus lente, plus charbonneuse ; on en doit conclure qu'ils sont déjà plus saturés d'oxigène, puisqu'ils en absorbent moins dans la combustion, et qu'en conséquence leurs organes doivent être propres à s'oxigèner prodigieusement dans l'air, avant cette même combustion. En effet des branches nombreuses élancées en tout sens avec une avidité très-apparente, une multitude de feuilles dentelées et offrant un grand développement, tout annonce le vœu de la nature de les saturer davantage de ce principe, et ce vœu dicte déjà au peintre les formes nécessaires pour le remplir.

Le hêtre, *le bouleau*, *le frêne*, *l'acacia* et autres arbres analogues dont la combustion est plus prompte, devant être moins saturés d'oxigène, doivent avoir une organisation moins propre à l'absorber étant sur pied ; aussi le branchage est-il déjà moins volumineux relativement au tronc, les rameaux sont moins variés et ont moins de sinuosités ; en un mot, les feuilles sont plus petites, et offrent en total moins de développement dans leurs contours.

Enfin, *le peuplier*, *le méleze*, *le sapin*, *le cèdre*, etc., dont la combustion est très-rapide, étant par conséquent très-avides d'oxigène, doivent avoir des organes peu propres à s'en abreuver pendant leur existence végétale : aussi le branchage est-il peu considérable proportionnellement au tronc; les rameaux sont rares, et la feuille qui a peu à recevoir d'après le vœu de la nature, n'offre que très-peu de surface, et se montre très-petite sur-tout dans *le sapin*, *le mélèze*, *le cèdre, etc.*

Le peintre trouve donc déjà dans chaque espèce des grands végétaux, une forme motivée, et pourrait presque, par la simple combustion, tracer les masses d'un arbre inconnu dont ce moyen lui fournirait l'analyse.

Le même phénomène de la combustion, en mettant à jour les fonctions du calorique, explique encore plus clairement les formes par des observations à faire sur ce dernier agent.

Le peintre remarquera que les arbres les plus chargés de calorique, tels que les résineux, sont les plus élevés; qu'il semble que le calorique soit l'agent du développement du corps ligneux et de la séve, et qu'il s'y combine par les pores ligneux, tandis que les feuillages sont les conducteurs de l'oxigène. Les proportions relatives de ces deux agens dans les grands végétaux, sembleraient donc devoir être ses guides pour le volume de leurs masses respectives, et en effet la combustion des arbres résineux doit l'en convaincre. Ces bois brûlent avec une grande rapidité; ils répandent une très-grande flamme, c'est-à-dire dépensent une très-grande quantité de calorique latent en lumière, quoiqu'ils en donnent moins en chaleur; ils doivent enfin, pendant leur vie, en même temps qu'ils se dilatent rapidement, comme les huiles volatiles, s'élancer sans cesse vers le grand foyer solaire, source première du fluide dont nous parlons.

Ainsi leur forme me paraît motivée sous le double rapport de l'oxigène et du calorique.

Mais si l'on peut fixer ainsi chimiquement aux masses des branchages des grands végétaux, certaines limites; déterminer géométriquement leurs courbes, paraît d'une solution impossible, pour la mélodie des mêmes détails, et notamment du feuillage.

La combustion dont nous venons de parler, motive bien, à la vérité, la grandeur ou la limite des feuilles prises collectivement, mais ne saurait expliquer les causes des innombrables variétés de leur dentelure. (fig. 4) En vain considérant les linéamens de la feuille, comme des tuyaux où s'élance la séve, et calculant son élan comme celui des fluides dans le problème des jets obliques, on trouverait un maximum pour l'ordonnée pm la plus grande de la courbe de la demi-feuille, et zéro pour celle qui correspond à l'extrémité où le jet de séve est nul, attendu que la vitesse perdue par les frottemens, égale alors celle d'impulsion. En vain en se donnant encore cette première force d'impulsion a de la séve et les dimensions des tubes, on trouverait la longueur x de la feuille par celle de l'abscisse correspondante à l'ordonnée *zéro* où la force *a* serait nulle; on n'obtiendrait que la nécessité d'une continuité de courbure, dans les limites de la feuille, telles que celles du *peuplier*, *du bouleau*, *du pommier*, *du laurier* et une loi de décroissement uniforme, qui n'expliquerait point les échancrures intermédiaires de la feuille de *chéne*, de *l'érable*, du *sicomore* et autres (fig. 5,7,8). On observera en outre que excepté l'arrête du milieu de la feuille, les ordonnées végétales sont sensiblement capillaires, et que dèslors le calcul des jets des fluides ne saurait s'y adapter qu'en partie, ce n'est donc que par des subdivisions qu'on pourra expliquer ces variétés.

Je distingue pour cela les feuilles en *simples* et en *composées*. Les simples sont celles dont les courbes suivent la loi de l'expansion séveuse émanée d'une fibre centrale unique, de manière à produire par le décroissement des ordonnées correspondantes aux jets obliques, une continuité de courbure qui est toujours triangulaire ou demi-elliptique, pour chaque demi-feuille.

Ces terminaisons triangulaires ou demi-elliptiques sont plus ou moins allongées suivant les proportions de l'élan de la séve et le diamètre des artères où elle s'élance pour se solidifier et former le tissu. Ainsi on pourrait prendre pour type des feuilles simples, la demi-ellipse, le fer de lance et le triangle, etc., qui suffisent à leur tour pour former toutes les feuilles composées.

Je nomme *feuilles composées*, celles qui ont plusieurs fibres centrales susceptibles d'être considérées chacune en particulier comme un des grands canaux de séve, et traitées pour la partie qu'elles produisent, comme la feuille simple que nous venons d'observer.

Le peintre doit donc examiner d'abord les angles formés par les fibres centrales ; qu'il construise alors sur chacune d'elles, comme axe, les demi-ellipses allongées ou demi-triangles d'une feuille simple, convenables à la qualité de séve de l'arbre, les intersections des feuilles simples, donneront la courbure entière de la trame composée. Soit une feuille de sicomore à trois artères centrales ab, ac, ad (fig. 6). Chacune de ces artères doit produire isolément une feuille simple $ambm$, $andn$, etc.; mais ces tissus simples croissant dans le même plan, se confondent dès leur naissance dans les parties $amqa$, $anoa$; il en résulte que ces parties étant communes il ne reste de courbe extérieure que les parties ad, do, co, cq, qb, ba, des feuilles composantes, lesquelles forment l'échancrure de la feuille composée. Même observation a lieu sur les échancrures de l'*érable* de montagne (fig. 7), *de la feuille de chéne*, *etc.* parmi les arbres; puis de la rose trémière (fig. 8), des *nimphéa*, de la *citrouille*, et une foule d'autres parmi les plantes. Toutes naissent des intersections des courbes des feuilles simples calculées sur chaque artère centrale. Le peintre peut donc déterminer ces contours avec une grande facilité par la seule connaissance du nombre d'axes (1).

Venons à la mélodie des fleurs, et tâchons d'indiquer au peintre quelques-unes de leurs principales courbes.

L'immense variété de ces favorites de la nature, ne permet pas d'espérer de déterminer leur forme d'une manière satisfaisante et géométrique. Je vais tâcher cependant d'indiquer quelques moyens stéréotomiques propres à retracer leurs principales parties. Nous ne considérerons que les fleurs simples, les seules dont le but paraisse distinct et clairement tracé par la nature, les fleurs doubles n'étant qu'un luxe enfant de l'art et du travail des hommes.

Les parties apparentes de la fleur

---

(1) L'ingénieux Bernardin de St.-Pierre a porté fort loin les recherches sur les harmonies des végétaux. Mais observer les effets, ce n'est pas expliquer les causes, et cependant personne, plus que cet observateur n'en était capable, s'il eût joint à ses lumières le flambeau des sciences.

sont le *calice*, la *corolle* ou l'assemblage des pétales, les *pistils* et *les étamines* ; nous allons les observer successivement.

Le calice qui résulte de l'ouverture des boutons de la fleur, est dans l'état de bouton (fig. 1) un solide composé pour l'ordinaire d'une portion de *sphéroïde* ou d'*ellipsoïde* $b'c't'$ qui renferme les étamines et d'une espèce de cône $a'b'c'$ qui sert d'enveloppe aux pétales, lesquelles semblent une draperie légère, jetée sur les pistils et destinée à cacher le mystère de la fécondation. Tant que le bouton reste clos, les pistils et les étamines comprimés et non pubères encore, peuvent être comparés à un couple heureux de ses desirs, croissant dans l'ombre, et qui n'est pas éclos aux feux de l'amour ; dès que le pistil a atteint sa grandeur naturelle, que les étamines ont leur sexe caractérisé, le voile se déchire uniformément, le jour luit pour ces amans et alors se forment les feuilles ou onglets du calice, que nous essayerons de tracer, et qu'on peut comparer au berceau natal que brise l'ingrate adolescence.

Ce premier voile rompu, la nature toujours décente élève sur le lit nuptial en voûte élégante la corolle repliée, draperie d'une richesse et d'un éclat presque inimitables; mais cette draperie sphéroïdale, ellipsoïde, parabolique ou conique, est composée elle-même des rideaux nommés pétales, lesquels ont alors leur véritable forme, puisque ce moment est l'instant essentiel, l'instant de l'hymen et de la réproduction; c'est donc du développement du solide des pétales, réunis en voûte sur les pistils que doit se déduire la forme de ces mêmes pétales, puisque ce moment est celui du vœu de la nature, et nous tâcherons de développer ce solide.

Vient ensuite la troisième époque des fleurs, celle du développement des pétales en corolle, pour reverberer le calorique lumière sur les fruits de l'hymen, et nous essayerons encore de jeter quelque jour sur cette partie.

Revenons aux boutons; quel que soit le solide supérieur du calice, soit conique, sphéroïdal, etc., l'opération stéréotomique sera la même. Que le peintre se donne donc le plan et l'élévation du solide ou bouton, une opération bien simple lui donnera à part l'onglet ou portion du calice et la faculté de rendre ce calice épanoui.

Soit une tulipe (fig. 1), composée d'une surface sphéroïdale, engendrée par le $\frac{1}{4}$ de cercle $c'\,t'$ autour de l'axe $a'\,t'$, et d'une autre surface conoïdale, engendrée par celui de la courbe $u'\,c'\,a'$ autour du même axe, sa projection verticale sera la courbe continue $a'\,c'\,t'\,b'$, et sa projection horizontale le grand cercle horizontal de la sphère $dcfb$; soient enfin les rayons $a\text{-}d$, $a\text{-}f$, $a\text{-}b$, les projections horizontales des bords communs, chacun a deux des trois onglets qui composent la surface de la tulipe, il s'agit de déterminer les projections verticales de ces bords.

---

(1) Les artistes qui voudront bien se contenter des conclusions, sont invités à passer ces démonstrations, et en général ce qui est en petit caractère.

Puisque la surface est une surface de révolution, chacun des points z', u', v', c', etc., qui la composent, demeurera toujours à une égale distance de l'axe $a' t'$ pendant le mouvement de la génératrice $a'c't'$ fixée aux points a' et t' de cet axe, comme avec une charnière; et tandis que tous les points de la courbe génératrice laisseront après eux autant de traces qui composeront la surface, les points z', u', v', c', que nous considérons seuls, engendreront, ainsi que tous les autres, des circonférences qui feront partie elles-mêmes de la surface de révolution, puisque leurs points générateurs font partie de la courbe génératrice de cette même surface; de plus, ces circonférences étant décrites par un mouvement horizontal, seront toutes contenues dans des plans horizontaux $z'-i'$, $u' h'$, $v'-g'$, $c'-b'$ qui contiendront aussi tous les rayons, et conséquemment les diamètres $z'-i'$, $u'-h'$, $v'-g$, etc. que nous considérons dans le plan vertical de projection.

Actuellement, puisque les circonférences décrites par les points z', u', etc., font partie de la surface même, il s'ensuivra que toutes les lignes tracées sur cette surface de a' en t', extrémités de l'axe, couperont et seront coupées par ces circonférences. Or, les bords des onglets, ou les lignes a-f, a-d, a-e, suivant lesquels ils se confondent sur cette surface, sont des lignes passant par les points a' et t', elles sont égales à la génératrice, puisqu'elles peuvent être, ainsi qu'elle, contenues dans un même plan vertical, ainsi qu'on le voit par leur projection horizontale, ces lignes seront donc coupées en différens points par les cercles; et puisqu'un point se détermine par l'intersection de deux lignes, qu'une ligne est déterminée par une certaine quantité de points, il suffira donc de déterminer les projections horizontales et verticales des points où se coupent réciproquement les circonférences et les traces des bords des onglets, pour avoir les projections verticales de celles-ci.

Pour y parvenir, par les points quelconques 1, 2, 3, 4, de l'axe $a't'$, menez les traces i'-z', h'-u, g'-v', b'-c', des plans horizontaux qui contiendront les cercles formés par la section de la surface de révolution par ces plans. Les lignes i'-z', h'-u', g'-v', etc. seront les diamètres de ces cercles qui auront tous en projection horizontale, un même centre au point a, puisque tous leurs diamètres sont coupés par le milieu, par le même

même axe vertical $a'\,t'$, qui se projette aussi horizontalement, suivant le point a; les lignes i'-1, h'-2, g'-3, etc., seront donc les rayons de ces circonférences.

Projettons les points i',h',g', etc. extrémités de ces rayons aux points i,h,g, etc. où ils rencontrent la trace $x\,y$ de la projection horizontale du plan vertical de projection que nous avons supposé passer par le milieu de la fleur, et que nous avons reculé ensuite en X Y pour être rabattu sur l'horizon.

Du point a, comme centre et des rayons a-i, a-h, a-g, etc., décrivez les cercles $i\,n\,q$, $h\,o\,r$, $g\,p\,s$, ils seront les projections horizontales des sections du solide par les plans correspondans i'-z', $h'u'$, etc., ou celles des traces décrites sur la surface de révolution par les points z', u', v', de la génératrice $a'\,c'\,t'$ qui couperont celles des bords des onglets aux points k, l, m, p, o, n, q, r, s, d, etc. Or, ces points sont communs aux bords des onglets et aux cercles décrits, tous les points de ces cercles sont contenus dans les plans horizontaux, dans lesquels s'est fait le mouvement de leur point générateur; les projections verticales des points d'intersection des bords des onglets et de ces cercles se trouveront donc être à l'intersection des lignes de leurs projections et de la trace verticale de ces plans.

Projetons donc le point e, appartenant au plus grand cercle (celui de la sphère) au point $é$ où il rencontrera le plan contenant le plus grand diamètre, c'est-à-dire, celui b'-c' du cercle bfd, le point k sur le plan supérieur g'-v' où se trouve contenu le cercle kps, le point l en l', celui m en m', et ces points e', k', l', m', seront des points appartenans à la trace a-e des bords des onglets; on déterminera ainsi les points q' r' s' d' et n' o' p' f', des traces correspondantes q r s d et n o p f, des bords des onglets sur la surface conoïdale.

Quant aux points de ces traces qu'il s'agirait de déterminer sur la surface sphéroïdale, on sent bien que l'opération ne peut différer en rien de celle indiquée pour trouver les points précédens, et que l'on pourrait, par quelque point que ce soit de la partie 4-t' de l'axe, faire passer des plans de section de cette surface, lesquels donneraient aussi des cercles qui serviraient ainsi que les autres à déterminer par leur intersection avec les traces horizontales des bords, autant de points de ces bords qu'il y aurait de plans qui contiendraient ces cercles ou de cercles eux-mêmes ; mais afin de ne pas multiplier les lignes de projections qui embrouillent toujours une figure stéréotomique, on peut faire que les lignes de projections qui nous ont servi à déterminer les points supérieurs, appartenans à la surface conoïdale, servent aussi à déterminer ceux qui se trouveront sur la surface sphéroïdale.

Pour cela, on remarquera que la ligne de projection g-g' déterminant la longueur du rayon $a\,g$ du cercle gps, formé par la section de la surface conoïdale, par le plan $g'v'$, détermine aussi le rayon 5-6 d'un cercle de section de la surface sphéroïdale par un plan passant par le diamètre 6-v''; que ce cercle ayant le même rayon que celui gps, se confondra avec lui en projection horizontale, que le point k d'intersection de ce cercle avec le bord $a\,e$ des onglets, aura la même ligne de projection que le point k, appartenant au cercle supérieur dans la surface conoïdale, mais qu'il se trouvera fixé au point K'', où cette ligne coupe le plan 6-v'', puisque le cercle auquel il appartient se trouve contenu dans ce plan et non pas dans celui $g' v'$, etc.

Si donc des points 6, 7 et 8 où les lignes de projections des extrémités des rayons 1-i, 2-h', 3-g', etc., rencontrent la courbe génératrice du sphéroïde, on mène les plans horizontaux 6-v'', 7-u'', 8-z'', les points k'', l'', m'', p'', o'', n'', s'', r'', q'', où les lignes de projections des points k, l, m, n, o, p, q, r, s, rencontrent ces plans, seront des points des projections verticales de la trace des bords des onglets correspondans, sur la surface sphéroïdale.

On sait de plus que les points et a' t', étant les extrémités de l'axe où viennent se réunir toutes les traces des bords des onglets, sont par conséquent communs à tous ces bords; ainsi, si, par ces points et par ceux précédemment déterminés, on fait passer les courbes $a' q' r' s d'' s'' r'' q'' t'$, $a' n' o' p' f' p'' o'' n'' t'$, $a' m' l' k' e' k'' l'' m'' t'$; elles seront les projections verticales des bords des onglets, dont a-b, a-e, a-f, sont les projections horizontales.

Il est inutile de remarquer que les courbes ponctuées sont les arrêtes qui, étant sur la partie de la surface opposée à la vue, ne pourraient être aperçues en projections verciales, si l'on ne supposait en stéréotomie tous les corps diaphanes.

Veut-on à présent avoir l'aspect du calice ouvert, ce qui est le principal but de l'opération, attendu que ce problème sera le même pour connaître l'ouverture des pétales ? soit une tulipe dont les projections horizontales et verticales seraient les mêmes que celles qui précèdent, déterminer les projections des onglets ouverts suivant un angle donné.

Pour que ce problème puisse être résolu, il faut supposer que chaque onglet, en changeant de position, n'éprouve aucune altération dans sa forme, c'est-à-dire, que chacun des points qui composent sa surface, conserve, à l'égard de l'autre et de l'axe, une position semblable avant et après le mouvement.

Cela posé, considérons (fig. 2) chaque onglet comme un solide limité par une portion des surfaces conoïdale et sphéroïdale qui composent le bouton de la fleur, et par deux plans $a\text{-}d'$, $a\text{-}f'$, dont la ligne d'intersection seroit l'axe $a'\text{-}t$.

Imaginons un plan vertical a-a^v passant par cet axe, et divisant l'onglet en deux parties égales; ce plan contiendra l'angle formé par la direction primitivement verticale de l'axe et par son inclinaison après le mouvement de l'onglet ; et comme il est parallèle au plan vertical de projection, l'angle se projettera sur ce dernier dans sa véritable grandeur.

Si donc nous construisons sur le plan vertical l'angle $a' t' a''$ de l'ouverture connue de la fleur, que nous rapportions sur la nouvelle position a''-t de l'axe, les courbes $a'' c' t'$ et $a'' f'' t'$ égales à celles $a' c' t'$ et $a' f' t'$, déterminées de la manière indiquée dans le problème précédent, nous aurons la projection verticale du solide de l'onglet.

Pour avoir sa projection horizontale, faisons attention que de même que le point a' de l'axe a fait son mouvement de a' en a'' dans le plan $a a^v$; ainsi chacun des points n', o'', p'', etc. de la courbe, limite de l'onglet, a décrit son arc de cercle dans des plans qui doivent être parallèles au premier. Ainsi des points n', o', p', q', r', s', etc. menons des parallèles a $a a^v$, et ces points se trouveront sur ces parallèles fixés à l'endroit où elles sont rencontrées par les lignes de projection menées des points correspondans n''', o''', p''', f''' de la projection ticale.

On sent bien qu'il est indispensable de choisir la position d'un onglet, en sorte que le plan qui le partage également, soit parallèle au plan vertical de projection, ou, ce qui est la même chose, de faire passer ce plan par le milieu de l'onglet, car autrement on serait obligé de recoucher le plan sur lequel on ferait toutes ces opérations, et de les rapporter ensuite sur le plan vertical de projection ; ce qui compliquerait la figure et serait plus long.

Ayant donc ainsi déterminé les projections d'un onglet, pour avoir celles de tout autre, on remarquera que si l'onglet déjà déterminé tournait autour de l'axe $a'\,t'$, dans une inclinaison constante, chacun des points qui le composent décrirait des arcs de cercles horizontaux qui se projetteraient horizontalement dans toute leur grandeur et verticalement suivant des lignes droites.

Concevons donc que l'onglet $a\,d''\,a^o\,f'''$ ait tourné jusqu'à ce qu'il se soit confondu avec celui $a'\,e\,a^{vl}\,f^v$, dont la projection horizontale $a\,e\,f$ est donnée avant l'ouverture et celle des points n, o, p, m, l, k, etc. de ses bords, déterminée, ainsi qu'on l'a vu ; le point a^v aura décrit l'arc de cercle $a^v a^{vI}$, le point n'''' celui $n'''' n_v$, etc. fixés à la rencontre de ces arcs de cercle et des parallèles $n n_v, o o_v, p p_v$, etc.; et comme nous avons observé que ces arcs de cercle se projettaient verticalement suivant des lignes droites, ces points se trouveront en projection verticale, à la rencontre des droites horizontales $n''' n^{vI}$, $o''' o^{vI}$, etc. et des lignes de projection $n^v n^{vI}$, $o^v o^{vI}$ etc. Si donc, par tous ces points, nous faisons passer des courbes, elles seront les projections horizontales et verticales de l'onglet aef: on opérera ainsi pour tout autre.

CONSTRUCTION.

Prenons sur les rayons ad, af (fig. 2) projection horizontale des bords de l'onglet a-df des points q, r, s, n, o, p les mêmes que les points correspondans de la fig. 1.re, ces points se trouveront sur des plans des sections du solide, coupant l'axe $a' t'$ (fig. 2), aux points 1, 2, 3, etc., de même que dans la fig. précédente. Observons de plus que les points $n' q'$, $o' 1'$, $p' s'$ se trouvant sur la même perpendiculaire au plan vertical de projection, les deux bords ad, af se projetteront verticalement suivant une même courbe.

Des points $n'o'p'$, menons à présent les lignes de projection verticale $n'n''$, $o'o''$, $p'p''$, etc. rencontrant les plans 1 en n'', 2 en o'', etc., et par ces points faisons passer la courbe $a'n''o''p''f''$, elle sera la projection verticale des bords de l'onglet dans la position projettée horizontalement en $a\,d'f'$.

On sent que le plan $a\,a^v$, ou le plan ay' ramené sur le plan $a\,a^v$, doit couper la surface du solide, suivant une courbe génératrice de cette surface qui sera celle $a'c\,t$; nous aurons donc la projection entière du solide compris entre l'axe $a'\,t'$ et la courbe $a'c't'$, et la projection de l'onglet comprise entre la courbe $a''f''$, précédemment déterminée, et celle $a'c\,t'$.

Construisons maintenant l'angle $a't'a''$ égal à la moitié de celui de l'ouverture totale de la fleur, le côté $a''t$ sera l'axe parvenu dans sa position inclinée après le mouvement; rapportons sur cet axe les points 1, 2, 3, etc., où il est coupé par les plans de section horizontaux, en décrivant les arcs de cercle 1-1', 2-2', 3-3', etc.; des points 1', 2', 3', menons indéfiniment à $a''t$, les perpendiculaires $1^In^{III}, 2^Io,^{III}$, etc., elles seront les traces de ces mêmes plans après le mouvement, puisque nous avons dit qu'aucun des points qui composaient le solide, ne changeait de position par rapport à l'axe pendant ce mouvement.

Sur les traces de ces plans, portons les distances $1\text{-}n^{II}$, $2\text{-}o^{II}$, $3\text{-}p^{II}$, de 1^I en n^{III}, de 2 en o^{III}, de 3 en p^{III}, etc.; par ces points, faisons passer la courbe $a^{II} p^{III} t$; déterminons de même celle $a^{II} ct^I$, et nous aurons la projection verticale du solide et de l'onglet après le mouvement d'ouverture.

Enfin pour avoir la projection horizontale, rappelons-nous que les points $n^I o^I p^I \text{-} q^I r^I s^I$, etc., exécutent leur mouvement dans des plans parallèles au plan vertical de projection de ces points, menons donc a, a-y les parallèles $n'\text{-}n''''$, $o'\text{-}o''''$, $q'\text{-}q''$, $p'\text{-}p''''$, etc. et des points $n''' o''' p'''$, les lignes de projection $n'''\text{-}n''''$, $o'''\text{-}o''''$, $p'''\text{-}p''''$, etc. Par les points $a^v q'' n'''' r'' o''' s'' p''''$, etc. où elles coupent les parallèles, faisons passer la courbe $a\, d'' a^v f''''a$, elle sera la projection horizontale de l'onglet après le mouvement.

L'opération ne change point de nature pour la partie sphéroïdale inférieure. Voilà pourquoi nous nous sommes bornés à l'indication de quelques points de la surface conoïdale.

Cette projection étant déterminée dans cette position, il s'agira de la ramener dans toute autre ; or dans le mouvement de rotation horizontal que fait cet onglet pour y parvenir, aucun des points ne change par rapport à l'autre.

Si donc, par quelque moyen que l'on veuille employer sur la ligne $a\,a^v$, milieu de l'onglet afe, ou sur toute autre ligne passant par le milieu d'un onglet, nous déterminons les points $e'f^v$, $k'p^v$, $l'o^v$, à des distances des extrémités de cette ligne, égales à celles des points $f''' d''$, $p''' s''$, etc., de la ligne $a\gamma$, et que par ces points nous fassions passer la courbe $a^{v'} f^v a e' a^{v'}$, elle sera la projection horizontale des bords de l'onglet dans sa véritable position, et ainsi pour toute autre.

Pour avoir sa projection verticale, nous avons remarqué que chaque point qui compose sa surface ou bien le solide, décrivait des arcs de cercle dans des plans horizontaux, passant par leur position avant le mouvement ; menons donc des points $n''' o''' p'''$, etc., les traces horizontales de ces plans, elles contiendront ces points dans une situation qui sera fixée en projection aux points de rencontre de ces plans par les lignes menées des points correspondans en projection horizontale $a^{v\prime}, n^{v}, m^{\prime\prime}, o^{v}, l^{\prime\prime}$, etc., c'est-à-dire aux points $a^{\prime\prime\prime\prime}, n^{v\prime}, k^{\prime\prime\prime}, o^{v\prime}, l^{\prime\prime\prime}$, etc. ; et si par-tout ces points, nous faisons passer les courbes $a^{\prime\prime\prime\prime}\text{-}p^{v\prime}\text{-}t, a^{\prime\prime\prime\prime}\text{-}m^{\prime\prime\prime}\text{-}t$, elles seront les projections verticales des bords de l'onglet dans sa véritable situation.

Quant à la projection verticale des limites du solide ou de la surface extérieure de l'onglet, elle sera, dans la position actuelle, une courbe égale à la génératrice act, dont les extrémités sont toujours fixées en $a^{\prime\prime\prime}$ et t; ainsi du centre de la sphère, et par conséquent de son grand cercle fixé maintenant au point 8, où le plan 7-8 horizontal, contenant l'arc décrit par ce centre, coupe la ligne $a^{\prime\prime\prime}t$, dernière direction de l'axe, décrivons indéfiniment une portion de circonférence, elle sera la limite de la partie sphérique de la surface de l'onglet, la limite de sa partie conoïdale se décrira en choisissant pour point de centre, un point qui ait par rapport à la direction $a^{\prime\prime\prime\prime}t$ de l'axe, la même position que celle du point qui a servi à dévier l'arc $a'''ht$ par rapport à la direction $a'''t$ du même axe.

Mais si la position de l'onglet étoit telle par rapport au plan vertical de projection, que les projections des deux bords de l'onglet y fussent aperçues, c'est-à-dire, que l'un de ces bords ne fût pas masqué par la convexité de la surface extérieure, cette courbe serait inutile à décrire, puisqu'elle serait comprise entre ces deux bords, et conséquemment superflue pour limiter la projection verticale du solide, terminée dans sa partie inférieure par la portion de circonférence qui joindrait les projections des deux arrêtes.

Il ne reste plus pour terminer qu'à projeter horizontalement la partie de la surface aperçue ou les limites de cette surface; pour cela il faudrait construire toutes les projections horizontales de toutes les portions de cercles ou sections de la surface du solide, par les plans qui nous ont servi à déterminer les bords des onglets, et faire passer ensuite tangentiellement à toutes ces courbes, une autre courbe qui serait la projection horizontale de la limite de la surface.

On s'est borné ici à indiquer l'opération par la détermination des points a et h, au moyen des révolutions des portions de cercle pour être rabattues sur le plan vertical ; mais, comme il est présumable qu'après avoir bien entendu ce problème, on sera en état de déterminer par des procédés graphiques, analogues à ceux que nous avons décrits, les projections des sections de la surface par ces plans, l'indication suffit, et la construction ne ferait, en embrouillant extrêmement la figure, que nuire à l'intelligence de ce qui a été dit.

La même opération stéréotomique donnerait les formes de l'églantine épanouie (fig. 3), ou de toute autre fleur.

Veut-on à présent avoir les dimensions précises des pétales au lieu de celles que procure fautivement l'applatissement mécanique des herbiers ? on observera que les arcs correspondant aux cordes qui ont servi à tracer l'aspect de la pétale ont des rapports connus avec ces cordes ou avec le diamètre correspondant ; on aura donc aisément par-là les longueurs de ces arcs développés.

Ainsi ; en nommant D, D', D'', les diamètres des cercles des sections, on aura pour l'églantine, en ayant le rapport Φ de la circonférence au diamètre $\frac{\Phi D}{5}$, $\frac{\Phi D'}{5}$; $\frac{\Phi D''}{5}$ où tout est connu quand on a fixé les distances ou abcisses des sections. Pour les liliacées, on a les arcs développés représentés par $\frac{\Phi D}{6}$, $\frac{\Phi D'}{6}$, $\frac{\Phi D''}{6}$; pour les radiées $\frac{\Phi D}{n}$, $\frac{\Phi D'}{n}$, $\frac{\Phi D''}{n}$, etc....., et en général, pour avoir une formule convenable aux diverses calottes des pétales près de s'ouvrir, on prendra les diamètres d des sections en valeur des contours ou sphériques, ou elliptiques, ou paraboliques des calottes. Ainsi, pour les boutons coniques, l'arc développé sera représenté à la base par $\frac{\Phi \times 2}{n}\left(\sqrt{c^2 p^2}\right)$ en nommant c le côté $a'b'$ du cône connu (fig. 1), et p la longueur $a'4$ des pistils connue également. On aura les arcs développés des autres sections, en retranchant de $a'4$ les valeurs des divisions ou abcisses. Pour les boutons sphériques (fig. 1), on aura les arcs développés $\frac{\Phi \times 2}{n}\left(\sqrt{c^2-(p-x)^2}\right)$,

x étant l'abcisse ; puis en supposant l'abcisse croissant comme 1, 2, 3, 4, 5, etc. On aura les diamètres connus à chaque section, puisque tout sera connu jusqu'à x dans la formule ci-dessus. Pour l'ellipse, on aura les arcs développés $= \frac{\Phi}{n} \times 2 \left(\text{ordonnés} \right) = \frac{\Phi}{n} \times 2 \frac{b}{a} \sqrt{a - x^2}$ ou les abcisses x en progression arithmétique seront connues.

Pour la parabole enfin, on aura les arcs développés $= \frac{\Phi}{n} \times 2 \sqrt{px}$ et ainsi de suite pour toutes les courbes dont les ordonnées correspondront à des abcisses qu'on sera maître de se donner suivant une loi connue.

On sent que ce calcul très-simple et qui en mérite à peine le nom peut s'appliquer également aux solides des fruits, et qu'on aura par les applications et les indications de formules ci-dessus exposées, les moyens de tracer plus régulièrement les types des troncs, des feuilles, des fleurs et des fruits qui entrent dans les compositions.

II

Il est inutile, au surplus, d'observer que ces constructions ne conviennent qu'à l'état d'immobilité, et que la plupart de ces corps flexibles abandonnés aux vents, à l'action du soleil ou à toutes autres causes mécaniques, subissent des altérations de forme instantanées qui, en donnant la vie au tableau, sembleraient dispenser le peintre d'une exactitude que la géométrie même ne peut atteindre que de fort loin, mais sur laquelle elle paraît cependant devoir être toujours consultée, pour garder des types certains, et servir de vérification dans les tracés défectueux.

PEINTURE.

De l'imitation des corps vivans.

Le grand but de la peinture étant le tableau des passions humaines, nous nous attacherons principalement à esquisser mathématiquement les courbes propres à les représenter dans l'homme ; nous en tirerons ensuite, s'il est possible, quelques inductions pour les espèces inférieures.

On ne peut se dissimuler que tout ce qui sera produit à ce sujet, ne soit que systématique ; mais dès que les conclusions résultantes, sont appuyées de la vérité, ne sont elles pas préférables aux présomptions, seules bases admises jusqu'à ce jour en physiognomonie ?

Lawater, Bernardin de St-Pierre et Gall, grands observateurs, dont les ouvrages sont remplis de remarques très-délicates sur cette partie, semblent regretter de ne pouvoir les confirmer par les sciences, pour ériger la physiognomonie elle-même en science positive. Essayons donc, sur les pas de ces trois hommes célèbres et d'après leurs desirs, quelques calculs, et félicitons-nous quand nous rencontrerons ces respectables devanciers.

On peut les nommer les inspirés de la mélodie visuelle; comme ceux de la mélodie auriculaire, ils suivent de loin le flambeau des sciences, et s'ils n'ont pas analysé sa flamme, ils n'indiquent pas moins quelques points de la route, en faisant briller les premières étincelles à nos yeux. N'oublions pas enfin pour sauver la sécheresse de l'analyse, que l'inspiration est, pour ainsi dire, l'aurore du génie, et que le calcul en est le midi, l'horizon dans ce dernier cas est plus clair, mais souvent moins doux à parcourir.

L'art du peintre des passions humaines a consisté jusqu'à ce jour à saisir habilement par imitation, par sentiment peut-être, et à fixer sur un plan, des courbes imaginaires qu'il juge propres à représenter l'effet des impressions attribuées à ses personnages ; nulle loi, nul guide positif, pour le diriger en ce chemin difficile. Quelques têtes, dites à caractère, tirées des grands maîtres, les passions de Raphaël, de Lebrun, des imitations serviles, des remarques générales : voilà ses moyens ; le vrai talent seul touche le but et la médiocrité sans guide croit l'avoir atteint. En effet où sont les moyens de vérification ? Où est la cause de l'attrait ou de la répugnance invincible que causent telles figures ? pourquoi expriment-elles certaines passions ? leur expression est-elle exacte ? qui prononcera ? toujours la vérité, et par suite les sciences qui tiennent son voile ; sans elles il n'y aura jamais dans les arts que des beautés sans preuves, et des défauts sans contradiction bien fondée.

Tant de motifs m'encouragent à essayer un système mathématique et physiognomonique pour le tracé des courbes des passions en peinture; et dans tous les cas ne vaut-il pas mieux suivre des lois même insuffisantes, que se livrer sans cesse comme Lawater et autres auteurs, aux présomptions, à l'arbitraire, à l'instinct que chacun juge parfait en soi, quand la postérité en juge si différemment ?

Tâchons donc de poser nos principes. Je distingue dans la tête humaine la *forme osseuse* et la *forme musculaire*; chacune a son but pour l'intelligence ainsi que pour les passions, et doit être considérée à part.

La forme osseuse me paraît influer sur l'intelligence, 1°. par la capacité, 2°. par la forme. Par la capacité d'abord, attendu que le cerveau siége de la pensée me paraît devoir être d'autant plus affecté par les élémens physiques des corps, au moyen desquels la pensée se lie à leur existence, que le cerveau est plus grand. Par la forme, en ce que l'angle de réflection de ces élémens sur cet instrument sublime de l'intelligence me paraît dépendre de la courbe ou calotte du crâne.

Pour bien établir ce système, il faut distinguer d'abord les sens binaires ou à doubles organes, comme *la vue*, *l'ouïe* et le *toucher*, des sens à organes simples, comme *le goût* et l'*odorat*, lesquels n'apportent rien ou que très-peu à l'imagination. On remarquera que les sens binaires ont leurs siéges aux foyers de la calotte elliptique de la tête (fig. 10). Pour l'ouïe, par exemple, ces foyers f, f^1 sont au centre de la spirale auriculaire ; c'est delà, je pense, que le calorique, agent du son, pénétre rapidement dans le cerveau (1), et que tous ses rayons par leur prodigieuse élasticité, soit qu'une partie aille directement par les fibres cerébrales aux organes intellectuels, soit que la totalité y parvienne seulement par réflection, après avoir frappé

---

(1) Personne n'ignore que la propriété de l'ellipse est qu'un rayon passant par un foyer, se réfléchit sur le foyer opposé.

le crâne ; c'est delà , dis-je , que les rayons se réfléchissent ensuite, suivant les lignes fm, $f^1 m$, sur des points déterminés pour la plus grande intelligence, en y ajoutant un effet proportionné à leur nombre et à leur direction (1).

Cette hypothèse admise ou même simplement celle de l'utilité des quantités additionnelles produites par la ré-

---

(1) Cette dernière hypothèse pourra être attaquée par ceux qui prétendent que les fluides nerveux, électriques ou galvaniques se portent directement sur les organes d'intelligence par les fibres cérébrales ; mais outre que rien ne détruit encore ma supposition, que les filets de calorique traversent la cervelle presque librement, pour se répercuter ensuite sur les mêmes organes , on observera que lors même qu'on ne considérerait les filets réfléchis par la calotte du crâne que comme une quantité additionnelle à ceux qui y sont conduits directement par les fibres cérébrales , ce serait un motif suffisant pour approuver et calculer les courbes de crâne que je vais chercher, puisque les quantités additionnelles en dépendraient et accroîtraient par là les élémens intellectuels.

flection des rayons ; on voit donc déjà que si la calotte A d B (fig. 10) est une ellipse régulière et plus élevée que la première, on aura, outre l'effet des rayons directs celui des rayons réfléchis qui seront ramenés entre les deux foyers primitifs, tandis que dans une ellipse plus applatie ou front surbaissé ils en sont éloignés, les foyers de l'ellipse première étant supposés constans, c'est-à-dire la distance des spirales auriculaires aux tempes étant uniforme.

Actuellement, pour *la vue*, les nerfs optiques de chaque œil, sont les deux foyers sur lesquels la lumière ou le calorique extérieur s'élance rapidement pour opérer la sensation et par suite la pensée ; et on observera que ces deux foyers qui touchent les foyers auriculaires exigent par conséquent la même courbe de crâne pour la réflection. *Le toucher* enfin, au moyen des muscles des bras, puis des nerfs du cou et de la tête a son siège à-peu-près aux mêmes points, et demande aussi la même courbe.

D'autre part les sens à un seul organe, n'influant que très-peu sur la pensée n'ont pas besoin que les rayons soient répercutés sur le cerveau. Aussi le calorique que nous indiquerons plus bas comme étant l'agent principal, mais combiné de l'odorat et du goût, arrive-t-il simplement par la ligne de milieu du visage, par un seul foyer, en petite quantité, et n'éprouvant aucune réflection ne commande aucune forme de crâne : en effet ces deux sens sont indifféremment les favoris de l'homme plus ou moins intelligent.

De ces premières observations, il résulte d'abord pour obtenir le maximum d'effet de la partie des rayons qui se réfléchissent, que la forme elliptique du sommet de la tête est commandée par les sens binaires et par l'existence de deux foyers bien évidens; il résulte que c'est dans un plan vertical passant par ces foyers, c'est-à-dire de face qu'il faut chercher la meilleure forme de front pour l'intelligence, et non de profil comme on l'a fait jusqu'ici ; il résulte enfin que c'est dans les ellipses qu'il faut chercher la courbe la plus propre à ramener sur des points déterminés du cerveau, tous les rayons de calorique-lumière qui tendraient à s'en écarter.

Cherchons donc, d'après ces bases, la forme de tête la plus propre à ramener à des points déterminés ou aux siéges d'intelligence les filets de réflection de calorique-lumière, après qu'ils ont frappé le crâne, les filets directs étant supposés constans ou d'un effet égal ; et établissons avant tout, plus positivement, nos hypothèses sur la pensée.

Toute pensée naît d'une impression des sens, présente ou passée (1) ; supprimez les sens binaires, comme chez les sourds et aveugles-nés, l'intelli-

---

(1) Les idées innées, les systèmes de Descartes, de Mallebranche, et les suppositions de l'ancienne métaphysique, ont cédé la place à la physiologie, fille des sciences positives ; c'est, je pense, à l'analyse, aux calculs, d'accord avec l'expérience, à assurer ses progrès. Puissé-je y contribuer dans ces Essais !

gence est à-peu-près nulle, parce que le calorique-lumière, agent excitateur de ces organes, ne parvient pas aux foyers et à plus forte raison au cerveau ; restituez graduellement les organes, on voit l'intelligence naître progressivement, donc leur agent en est la source ; nier ceci, c'est nier évidemment que l'effet tienne à la cause ; de plus, puisqu'il est bien avéré que tout ce qui suit mathématiquement une loi, est irrévocablement lié par elle à tous les termes de la proportion ; il s'ensuit que depuis o où l'absence du calorique, soit par la mort du sujet, soit par la suppression d'organes, comme dans les sourds-aveugles, jusqu'à l'infini qui est le dernier terme de la conception, celui qu'on attribue à la divinité ; c'est, dis-je, la quantité de calorique affluent qui établit le degré de force de la sensation mère des idées, soit par l'intensité du volume du fluide, soit par la disposition d'organes propres à augmenter l'effet. On ne saurait à la vérité calculer et maîtriser le calorique-lumière émané des corps et par lequel nous sommes sans cesse en relation avec eux; êtres passifs, jetés dans une mer de fluides qui tendent sans cesse à se mettre en équilibre : ce sont les impressions graduées de ces mêmes fluides, dont nous sommes traversés en tous sens, qui opèrent en nous les sensations et par suite les idées; mais si on ne peut calculer à un certain point les émanations qui les produisent, on peut chercher la forme d'organes la plus avantageuse pour les recevoir, et en sentir les effets : c'est ce que nous allons essayer (1).

Pour cela revenons à la forme osseuse et elliptique (2) de la tête. Nous

---

(1) MM. Cabanis et Richerand paraissent être de cet avis, en disant : « Que le jeu interne » de nos organes sert l'intelligence autant que » le font les impressions extérieures. » Il me semble qu'ils devraient ajouter : *Non par une action immédiate, mais par l'état plus ou moins énergique ou étendu, dans lequel les organes se trouvent en recevant l'effet.*

(2) Nous disons *elliptique*, quant à la coupe ou élévation seulement. Il est entendu que la

avons supposé (fig. 10) que les filets de calorique-lumière ou du moins une partie, après avoir traversé le cerveau, se réfléchissent, après avoir frappé le crâne, et s'ajoutent à l'effet direct qui a lieu par les fibres cérébrales. On remarquera à présent que les distances Af, Bf', c'est-à-dire les distances des foyers auriculaires ou visuels aux tempes étant données et constantes, ainsi que le grand axe AB, ou la largeur de tête, une ellipse construite avec un petit axe donné par ces constantes (car $b = \sqrt{a^2 - cf^2}$ où tout est connu) sera le type du crâne le plus propre à avoir un cerveau pénétré en tous sens par les filets du calorique-lumière de réflection, les directs étant constans, et par conséquent à appartenir déjà à un esprit subtil et distingué (1).

---

forme ellipsoïdale de la tête, dépend de la révolution des ellipses génératrices : il est donc plus simple de ne comparer que ces dernières.

(1) On remarquera qu'outre l'avantage d'obtenir des rayons de réflection par les courbes

On reconnaîtra aussi que tous les crânes surbaissés au-dessous de cette ellipse, portant les rayons de réflection au-delà des foyers, seront au contraire peu propres à renfermer un esprit supérieur.

Tels me paraissent être d'abord les principes généraux propres à déterminer le volume des crânes et l'effet qui en dérive; mais d'autre part plusieurs anatomistes font résider la faculté intellectuelle en des points déterminés du cerveau. Recherchons ce qui en résulterait pour la forme la meilleure et nous trouverons que cette opinion et le calcul qui s'ensuit, s'accordent fort bien avec l'expérience. Ils s'accordent d'autant mieux qu'en ouvrant l'ouvrage de Gall, sur la cragno-

---

qu'on va chercher, le volume des crânes ainsi déterminé et agrandi, facilite la dilatation des organes cérébraux, et parconséquent l'action directe elle-même, qualités essentielles d'après les observations et expériences précieuses de M. Richerand.

monie, ouvrage qui m'était inconnu, je remarque, sans admettre la trop grande quantité des organes reconnus par lui, qu'il a placé le siége de la *mémoire* et celui de l'*esprit comparatif* qui comportent les principaux élémens de l'esprit et du génie, aux points 23, 24 dans sa figure (fig. 13); or ces points 23, 24, correspondent précisément aux points F, F′ de la nôtre, c'est-à-dire existent très-près de ces foyers secondaires F, F′, que j'ai tenté de déterminer chacun *a priori*, comme recevant le *maximum* d'effet des foyers primitifs f, f', opposés ; et d'après des demi-ellipses calquées sur les meilleurs têtes des grands hommes, dont ces points F, F′ étaient supposés les foyers opposés à chacun des premiers foyers f, f', et recevoir tout le calorique. Or ce point F ou F′ de *maximum* d'effet n'est-il pas précisément le sens du mot *organe* de Gall ? A celà près que je l'ai déterminé d'après des bases progressives, savoir : les causes premières, l'ouïe et la vue, causes premières que Gall paraît monie, ouvrage qui m'était inconnu, je remarque, sans admettre la trop grande quantité des organes reconnus par lui, qu'il a placé le siége de la *mémoire* et celui de l'*esprit comparatif* qui comportent les principaux élémens de l'esprit et du génie, aux points 23, 24 dans sa figure (fig. 13); or ces points 23, 24, correspondent précisément aux points F, F' de la nôtre, c'est-à-dire existent très-près de ces foyers secondaires F, F', que j'ai tenté de déterminer chacun *a priori,* comme recevant le *maximum* d'effet des foyers primitifs f, f', opposés; et d'après des demi-ellipses calquées sur les meilleurs têtes des grands hommes, dont ces points F, F' étaient supposés les foyers opposés à chacun des premiers foyers f, f', et recevoir tout le calorique. Or ce point F ou F' de *maximum* d'effet n'est-il pas précisément le sens du mot *organe* de Gall ? A celà près que je l'ai déterminé d'après des bases progressives, savoir : les causes premières, l'ouïe et la vue, causes premières que Gall paraît n'avoir pas remarquées, ne s'étant occupé que de l'effet et de l'indice osseux dans les crânes. Ces rapports frappans de l'observation avec le calcul que nous allons essayer, rapports établis à l'insu l'un de l'autre, doivent ce me semble, jeter quelque faveur sur le système que j'avance, puisqu'en calculant d'après l'existence des foyers auriculaires et visuels qu'on n'avait pas encore reconnus comme cause première, j'arrive aux résultats de l'expérience et à ceux de l'observateur consommé dont je cite l'ouvrage.

Soient donc F, F', les centres de la mémoire et du jugement, correspondans aux points 23, 24 de Gall. Les rayons de calorique-lumière réfléchis (1) arrivant par les foyers primitifs f, f' n'agiront efficacement pour s'ajouter

_____

(1) Les partisans de l'action directe supposeront ici que ce calcul n'a lieu que pour les quantités additionnelles obtenues par la réflection. La courbe du crâne obtenue, sera la même.

s'ajoutent à l'effet direct. Le crâne se trouvera alors composé de deux demi-ellipses nouvelles, se raccordant sur le petit axe. Voyons d'abord d'après cette observation, à déterminer ce petit axe, ou la hauteur qui résultera pour le front.

On a, dans l'ellipse première $pm^2 = \frac{b^2}{a^2}\left(a^2 - x^2\right)$ en nommant $2a$ l'axe AB, $2b$ l'axe cd, ou front primitif, et x l'abcisse cp; mais l'ordonnée pm est commune à l'élipse primitive et à l'ellipse nouvelle projetée, qui a pour grand axe Ab connu que je nomme $2d$, et pour demi-petit axe z l'inconnue, hauteur du front que l'on cherche; on a donc encore $pm^2 = \frac{z^2}{d^2}\left(d^2 - x'^2\right)$ en nommant x' son abcisse $c'p$ dans la nouvelle ellipse. Rassemblant à présent les deux valeurs de pm, on a $\frac{b^2}{a^2}\left(a^2 - x^2\right) = \frac{z^2}{d^2}\left(d^2 - x'^2\right)$ or $x = x' - c'c = x' - (d-a)$ on a donc, en substituant les valeurs de x; $\frac{b^2}{a^2}\left(a^2 - (x' - (d-a))^2\right) = \frac{z^2}{d^2}$

aux rayons directs qu'autant que frappant la voûte du crâne, ils se réfléchiront en passant tous par le siége d'intelligence opposé, F ou F′, ainsi au lieu des filets fm, mf', il faudrait donc que l'on eût d'abord pour un côté les filets fm, m F′. Or le moyen de faire que tous les filets passent par le point F′ est donc évidemment de construire une ellipse qui aurait pour foyers l'ancien f, et le nouveau point F′. Le nouveau grand axe de l'ellipse serait connu, puisque $Ab = AF' + F'b = Ac + cF' + Af$, tous les filets passant alors par le point F′ le centre d'intelligence ou point de maximum serait pénétré sans perte et le plus propre à des pensées fécondes.

Réciproquement pour l'autre côté en prenant pour les rayons arrivans par f', l'ellipse construite sur a B pour axe, et f' F pour foyers, tous les filets de percussion de ce côté repasseront par le nouveau foyer F, siége d'intelligence, pénétré alors le plus possible par les *élémens* arrivant, et qui tous

$(d^2-x'^2)$ ou $z^2 = d^2 \dfrac{\left(\dfrac{b^2}{a^2}(a^2-(x'-(d-a))^2)\right)}{d^2-x'^2}$

et faisant $x'=0$ pour que z soit le demi-petit axe, on a $z\overset{2}{=}\dfrac{b^2}{a^2}\left(a^2-(d-a)^2\right)=\dfrac{b^2}{a^2}\left(2a^2+d^2-2ad\right)$ or $d=a+r$, r étant une quantité connue et positive, puisque $d < a$ donc $z\overset{2}{=}\dfrac{b^2}{a^2}\left(2a^2+a^2+2ar+r^2-2a^2\ 2\ ar\right)$ $z\overset{2}{=}\dfrac{b^2}{a^2}\left(a^2+r^2\right)$.

D'où l'on voit que le demi-second axe de chacune des deux ellipses latérales sera plus grand que le demi-axe b du front primitif, et que le sommet de la tête acquerra par l'augmentation de l'arc $md'B$, ce volume qu'on remarque dans toutes les têtes spirituelles, outre qu'il facilite le développement de l'organe même et par suite l'action directe, double motif pour accréditer cette forme.

Ce calcul admis, si le type que nous venons de chercher est en effet celui d'une tête intelligente, puisque tous les filets caloriques ou les causes sont réfléchis ou portés directement sur les effets ou foyers d'intelligence; on peut en suivant cette marche, déterminer sur cette première courbe, d'autres courbes additionnelles qui exprimeront les obtubérances observées par Gall dans les têtes de philosophes et des métaphysiciens célèbres, les autres obtubérances qu'il considère ne me paraissant pas suffisamment motivées.

Ainsi toujours en suivant mon hypothèse que les filets de percussion passant par la cause, se réfléchissent tous sur un centre d'effet, qui est le foyer opposé; il faudra que l'obtubérance latérale (n.° 10, par exemple,) du crâne (fig. 13) qu'il regarde comme inconnue quant à la cause, et que je regarde au contraire comme signe de génie (1), soit encore une portion d'ellipse, ayant pour foyer d'une part un des foyers biorganes primitifs, et de

---

(1) D'après les calques des têtes fortes.

l'autre le centre de cet organe (n.° 10) placé au temporal. Tirant donc (fig. 10) par le centre G de cet organe et par le foyer opposé f, l'axe d'une nouvelle ellipse construite en adoptant ces deux foyers, il est clair que les filets de percussion, entrant par f passeront tous par G, et s'ajoutant aux rayons directs, opéreront le maximum d'effet sur ce nouveau point important. De tout ceci, il résulte que A $rst\,vx$ B, dont le volume latéral appartient aux têtes fortes ou des grands penseurs, est le dernier type réunissant à-la-fois la *mémoire*, le *jugement* et *l'invention* ; c'est-à-dire tous les élémens du génie, puisque les ellipses ont été calculées d'après leurs siéges respectifs ; aussi cette amplitude de tête, ce composé d'ellipsoïdes qui se pénètrent et sont produits par la révolution de toutes ces ellipses particulières offrent-ils une grande analogie avec les têtes de Socrate, de Platon, de Cicéron, Homère, Voltaire, Rousseau, etc., et en général des hommes de génie.

D'après ces calculs très-simples Lawater s'est donc évidemment trompé en ne considérant que les profils ou silhouettes ; la partie antérieure du front et par suite l'angle facial dépend à un certain point, à la vérité, du solide révolu que nous venons de considérer de face, et dans un plan vertical passant par les foyers des sens biorganes ; mais la coupe de la tête en ce sens n'est pas réciproquement soumise au front, et il n'en est pas moins vrai que c'est dans ce sens seul, c'est-à-dire en face, qu'il me paraît devoir être calculé et qu'il se rattache aux causes physiques de la pensée : le profil n'en est qu'une conséquence.

Cette conséquence se trouve en opérant la révolution de l'ellipse que nous venons de déterminer, autour du grand axe ; le solide résultant alors pour le front, est tel que tous les filets sont portés sur les organes de Gall par cette partie de courbe, et l'on obtient pour ce front une forme d'un volume assez grand, sans être cependant aussi étendu que les physiognomonistes l'ont désigné sans motif, d'une inclinaison douce et conforme en tout point à ceux qu'on remarque dans les hommes supérieurs.

Il est aisé d'apercevoir, d'après ces principes que les fronts très-saillans s'éloignant tous plus ou moins du quart d'ellipse que nous venons de trouver, renvoyent moins utilement la partie du calorique réfléchi sur les organes privilégiés, et tendent nécessairement à l'idiotisme à mesure qu'ils se courbent davantage, c'est ce que l'expérience confirme.

Il suit enfin de ces remarques et de ces calculs, qu'ayant un type certain pour les têtes de génie, le peintre peut les atténuer, les varier de mille manières pour prêter au spectateur, par comparaison, l'idée du degré d'esprit attribué au personnage qu'il veut représenter, et qu'il a plus que des présomptions et des copies pour motiver l'impression que telles ou telles courbes doivent donner dans ses tableaux.

Passons à la forme musculaire. Il me semble qu'il faut distinguer dans la charpente musculaire de la tête les formes primitives et les altérations résultantes des passions. Les formes primitives sont celles des organes déterminés d'après leur destination pour la transmission du fluide, excitateur des pensées. Les *yeux*, les *oreilles*, enfin les *nerfs*, *organes du toucher*, me paraissent seuls dépendre de la nécessité de transmettre ce fluide ; l'*odorat* et le *goût* qui n'apportent rien à l'esprit et par suite le nez et la bouche ne sont que des organes secondaires esclaves des sensations et non des indices intellectuels. Considérons donc d'abord les formes musculaires des sens influens sur la pensée.

L'œil, le plus bel organe de l'architecture humaine, et en même-temps le plus utile, puisque c'est lui qui nous met dès l'enfance en relation avec les objets extérieurs ; l'œil, dis-je, est l'organe qui admet le plus de calorique-lumière ; donc quelle que soit son enveloppe ou paupière, le peintre doit suivant l'intelligence qu'il attribue au sujet, donner au cristallin la forme la plus propre à faire abonder ce fluide dans les proportions requises ; en conséquence, pour les esprits supérieurs, il le fera grand, bien convexe, pour faire converger les rayons, et ainsi qu'on le remarque dans les yeux superbes de Corneille, de Racine, de l'amiral Anson, de Descartes, etc. Comme on voit bien que ces yeux, ces foyers ardens reçoivent le calorique à grands flots ! comme on sent qu'en frappant la voûte de ces têtes sublimes, il doit opérer des sensations plus fortes, et par suite des chefs-d'œuvre ! Mais dira-t-on, tous les yeux beaux sont loin d'être spirituels ? Sans doute, parce que le vulgaire nomme beaux, les yeux bien fendus, c'est-à-dire, montrant une plus grande partie de leur surface et surtout des parties insignifiantes, telles que le blanc ; mais observez le cristallin, son volume, ses formes, sa vivacité ; c'est là qu'est l'éclair du génie, le reste peut ajouter à la beauté par des contours heureux, mais rien ne saurait suppléer ou égaler l'éclat de l'organe central qui porte le fluide au cerveau, et qu'on peut nommer *le véritable transparent de l'ame.*

L'*oreille*, second organe destiné à faire affluer l'agent excitateur des pensées, n'est pas visible dans la partie intérieure où s'opèrent ses fonctions : la forme extérieure est un instrument acoustique déjà connu et déterminé, on ne peut donc la faire entrer essentiellement dans la composition de la figure, pour exprimer l'esprit ou son absence; on peut croire avec quelques observateurs que la mobilité des oreilles qu'on assure avoir remarqué en plusieurs hommes fameux, tels que *Justinien*, *Hercule*, et de nos jours en *Diderot*, *Leibnitz*, etc., est un indice de la délicatesse de cet organe, et par suite d'un plus grand effet du fluide calorique-lumière-électrique; mais le peintre ne saurait exprimer ce mouvement qui d'ailleurs est commun à une foule d'animaux, sur-tout à ceux dont l'instinct est le plus subtil.

Le toucher qui n'est en grande partie que l'impression résultante du plus ou du moins du même fluide arrivant par le contact avec les objets dont nous approchons, a également son siége au cerveau ; c'est là que ce fluide parvenant rapidement par les nerfs, produit sur cet organe des organes, une sensation définitive qui cause le plaisir ou la peine, suivant nos affinités avec les objets en contact. Le toucher donne aussi la sensation des formes par le degré des angles de résistance des corps , comme les angles des rayons visuels les font juger sur la rétine : de sorte que ce sens qu'on pourrait nommer une vue grossière , se compose et de l'action mécanique du tact qui fait juger la résistance, ainsi que le degré des angles des corps, puis de l'action chimique du calorique communiqué par ce contact qui fait éprouver en grande partie la jouissance ou la peine. Quoi qu'il en soit, il est évident que le fluide arrivant par tant de conducteurs, ne laisse que très-peu de traces sur son passage, et n'a de signes apparens sur la figure que la mobilité, suite de l'agitation nerveuse plus ou moins excitée. C'est donc en ce dernier point seulement que le peintre me paraît devoir indiquer que le sujet reçoit vivement par le tact les élémens de la pensée, la forme primitive des organes n'en dépend nullement.

Le nez, ou organe de l'odorat, agent secondaire comme nous l'avons dit, ne participe que par le jeu des narines à l'action nerveuse résultante du même fluide, parvenu par les trois organes ci-dessus ; celui qu'il admet par lui-même y influe fort peu. C'est donc uniquement dans le jeu des narines que le peintre doit chercher à indiquer les effets. La cloison, les cartilages internes pourront y contribuer par leur plus ou moins de délicatesse dans les formes ; mais d'après cette observation, les dimensions du nez n'apportent évidemment rien dans l'esprit du spectateur, quant au génie du sujet ; sa longueur ou sa briéveté indiquent seulement que la partie musculaire abonde plus ou moins dans l'individu et par suite que la force physique et par fois l'audace qui en sont les résultats sont, plus ou moins son partage.

Cette remarque indique encore qu'un nez droit ou légèrement aquilin, quelle que soit sa longueur, est plus propre à amener directement le peu de calorique qui arrive au cerveau par cet organe, en ce que le nez forme alors le prolongement de la courbe du front que nous avons déterminée, et que rien ne se perd par réflexion, comme il arrive dans les nez crochus ou contournés que l'on remarque construits sur le même profil. Aussi les premiers sont-ils regardés comme les plus réguliers, tant il est vrai que la beauté réelle coïncide toujours avec la vérité, ou plutôt est la vérité même qui se présente constamment sous des formes agréables et déterminées.

La bouche ou le goût, organe secondaire également, ne commande pas de dimensions, en ce que cette sensation est la plus opaque, puisque le calorique s'y combinant tout entier avec les objets qu'on savoure, il n'en parvient presque rien, et par suite aucune impression au cerveau. Une bouche grande ou petite appartient donc indifféremment au génie, mais le mouvement et les formes des lèvres sont caractéristiques, quoiqu'ils appartiennent plus directement aux effets des passions que nous parcourrons après. Des lèvres épaisses, outre qu'elles indiquent que le système glanduleux est très-sensuel, puisque le sujet semble élancer au-dehors les houpettes nerveuses qui tapissent l'intérieur des joues, indiquent généralement des esprits médiocres, tant parce que le calorique paraît destiné à leur parvenir plus abondamment par les organes insignifians, que parce que les grosses lèvres résultent aussi de l'immobilité des nerfs, immobilité qui annonce moins de calorique, arrivant par les trois sens excitateurs de la pensée.

Les lèvres minces au contraire indiquent une contraction fréquente; donc une plus grande affluence de calorique par les sens biorganes, et par suite des pensées qu'ils produisent.

Les premiers organes déterminés, essayons d'analyser les variations produites en eux par les sensations et les passions, pour continuer à guider le peintre dans ses esquisses.

Les sensations premières sont le plaisir et la douleur.

Je considère le plaisir physique comme la sensation résultante en nous de l'arrivée à l'équilibre parfait du calorique-latent ou du fluide galvanique électrique.

La douleur est le défaut d'équilibre de ce fluide, soit en plus, soit en moins c'est-à-dire l'excès ou l'absence.

Ainsi le contact d'un corps brûlant produit excès de calorique, douleur positive. Le contact de la glace, perte de calorique, douleur négative, toutes deux sont des pertes d'équilibre.

Refroidissez graduellement la partie trop échauffée, réchauffez la partie trop froide, il y a restitution de caloque-latent ; il y a retour à l'équilibre ; il y a plaisir.

Regardez des objets agréables, des couleurs douces, le calorique-lumière augmente en vous ; mais fatiguez l'organe de la vue par l'excès de ce fluide, il y a peine ; fixez ensuite de nouveau l'œil sur la verdure, il y a restitution du calorique par cette nouvelle relation, il y a plaisir.

Ecoutez des sons doux, il y a augmentation de calorique, jouissance ; mais que l'oreille soit assourdie par un bruit violent, comme par une musique trop continue, il y a excès de ce fluide ; qu'à ce bruit succède de nouveau des sons doux et le silence, il y a retour à l'équilibre ; il y a plaisir.

Respirez le parfum le plus agréable, si la sensation se prolonge, il y a dégoût, c'est-à-dire excès de calorique, véhicule des gaz et de l'oxigène même ; respirez un alkali, il fait alors absorption d'oxigène d'oxigène interne, et par suite de son calorique, il y a restitution, retour d'équilibre et plaisir. (1).

D'après ces remarques, les plaisirs physiques me paraissent indiquer tous au peintre l'extension de l'organe du sens flatté, puisqu'il absorbe alors plus de calorique ; ainsi le *curieux* doit ouvrir le cristallin et son œil à l'excès ; l'*intempérant* élancer pour ainsi dire les lèvres, la langue près des mets qu'il desire.

Le *sensuel* et l'homme à odorat fin, doivent ouvrir les narines, fermer les lèvres, pour ne rien laisser échapper du fluide et fixer l'objet pour y diriger tous leurs organes.

Le *desir* et la *répugnance* considérés physiquement confirment aussi ces explications.

Ne pourrait-on pas dire que le

---

(1) On sent qu'il s'agit ici du plaisir et de la douleur dans l'état naturel et de communication, et non produits par des contacts extraordinaires, comme les chocs, les déchiremens qui attaquent l'organisation.

désir est une affinité chimique ? et on ne voit pas pourquoi certains composés tels que l'homme n'en auraient pas comme nos prétendus élémens, que nous reconnaissons chaque jour pour des composés. D'ailleurs le desir est-il autre chose en nous que l'effet des affinités simples du fluide électrique, ou galvanique, ou magnétique que tout annonce être le même? J'ose dire plus; c'est que les affinités elles-mêmes ne sont vraisemblablement que la tendance à l'équilibre de ce fluide plus ou moins abondant dans les corps. Cette tendance pourrait bien être la cause vraisemblable de la réunion des acides et des alkalis dont il entraîne les bases, en se portant sur lui-même. Elle serait la cause de l'électricité positive et négative suivant l'état des corps; elle serait la cause des attractions et de la répulsion des pôles de l'aimant, suivant ce même état; enfin, elle serait encore la cause vraisemblable des commotions galvaniques, effet de la circulation de ce fluide.

Essayons d'appliquer au corps humain ou plutôt au fluide galvanique (1) existant en lui, les effets que nous voyons et reconnaissons sans difficulté dans tous les autres, et que nous aurions tort de refuser à celui-ci ; nous obtiendrons l'explication non-seulement des desirs et des répugnances physiques ; mais encore celle des attraits ou aversions dites morales, et par suite de toutes les passions et des formes qui en résultent.

Quant aux attraits physiques d'abord, cette opinion sur le desir me paraît confirmer tout ce que nous venons de dire sur l'expansion des organes flattés, puisque l'affinité produit cette expansion.

Ainsi le *curieux*, l'*intempérant*, le *sensuel délicat*, etc., ont les caractères expansifs que nous avons considérés.

---

(1) Nous allons nommer ainsi désormais le calorique externe, parvenu et modifié peut-être dans le corps humain, pour distinguer ainsi les époques de son arrivée de celles de ses effets internes, et nous conformer aux acceptions reçues.

L'*indifférent* est l'état de zéro, et se peint par l'immobilité.

Au contraire et par suite de la répugnance ou passage à l'électricité négative, *le dégoûté* se peint par le reployement des organes qui perdent le fluide.

Le *souffrant* par l'affaissement des mêmes organes, suite de la perte plus grande du fluide.

Le *mourant* par la contraction ou affaissement total, suite de la perte totale.

Si nous passons aux attraits ou répugnances, on expliquera et indiquera également les formes par les affinités physiques qui les causent.

L'*amant* qui éprouve toutes les affinités, les manifeste par tous les organes ; le cristallin est très-ouvert, étincellant de galvanisme ; les narines l'aspirent sous le nom d'haleine parfumée de l'objet aimé ; la bouche s'humecte et s'entr'ouvre pour le recueillir dans le nectar d'un baiser.

L'*ami* qui éprouve ces affinités à un moindre degré, a une partie de ces caractères.

Le *bienveillant* qui les éprouve légèrement et sans s'en rendre compte, a la même expansion ; mais moins carractérisée dans les organes.

Passe-t-on aux sentimens contraires, et pour ainsi dire, si ce n'est réellement aux pôles magnétiques opposés ?

Le *haineux* resserre les lèvres, et semble rejeter le fluide galvanique de tout ce qui l'entoure, en élevant la lèvre inférieure ; ses narines s'y refusent également, son œil est de biais et le cristallin de côté, pour les mêmes motifs ; le tout est l'effet de l'électricité négative à laquelle il passe pour les objets qui l'approchent.

L'*ennemi* plus exagéré, élève également la lèvre inférieure, comme pour se préserver d'un fluide galvanique détesté ; ses narines se resserrent, sa paupière s'ouvre à l'excès, enfin l'œil montre beaucoup de blanc, mais le cristallin reste petit et concentré, le fluide devenant rare de plus en plus; et cette lutte surnaturelle est horrible à voir.

Le *furieux* étant le dernier terme du désordre, suite de l'électricité négative excessive, ou de l'aversion devenue rage, s'exprime par le désordre absolu des organes; la bouche est tournée et crispée, le nez gonflé, les paupières sont élevées et tortueuses; enfin, les cristallins sont louches et tournés vers la terre.

La *tristesse* provenant d'une moindre abondance de fluide galvanique, suite de pertes antérieures de ce fluide, par des relations négatives avec les corps, s'annonce au peintre par un regard languissant et presque sans calorique-lumière; les yeux sont obscurs; par la même cause, les sourcils s'abattent, n'ayant plus autant de fluide pour les dilater; le front se ride et s'abaisse; enfin les lèvres sont tombantes, et les joues pâles et abattues par les mêmes motifs.

La *joie*, au contraire, provenant d'un retour subit à l'équilibre du fluide qu'on avait perdu par les relations négatives antécédentes, se manifeste par les effets de l'abondance du galvanisme de retour ; le front est tendu, les yeux sont vifs, brillans ; le visage devient rouge, dilaté ; enfin, les lèvres s'agitent convulsivement, c'est-à-dire, électriquement, mais d'une électricité positive.

Le *rire* étant un degré de plus, a les mêmes caractères exagérés.

L'*espérance* étant une relation électrique, très-éloignée encore, avec les objets qu'on désire, se manifeste par une très-légère affluence de fluide ; le front se dilate imperceptiblement ; le cristallin s'ouvre pour l'accueillir ; les narines commencent à se mouvoir ; enfin, les lèvres s'entr'ouvrent agréablement.

Le *désespoir* étant l'effet contraire, a le front contracté, les yeux ternes, les narines tombantes ainsi que la bouche.

La *hardiesse* provenant d'une abondance ou excès de galvanique interne qui demande à s'élancer, a le cristallin vif et assuré, le col en avant, le nez au vent, la bouche légèrement saillante.

La *crainte* naissant des motifs contraires, a par conséquent les caractères de figure opposés.

La *colère* étant le désordre total, suite du manque absolu d'équilibre, s'annonce comme dans la fureur, par le désordre de tous les organes.

Cela posé, toutes ces passions simples étant les bases des passions combinées, essayons de donner au peintre leurs descriptions d'après celles-ci, et de motiver ainsi l'expression des figures.

L'*ambitieux* étant sans cesse en relation électrique avec les objets qu'il convoite, c'est-à-dire y pensant toujours, doit avoir, outre la forme de tête que nous avons attribuée à l'imagination, les lèvres pincées, caractère de l'agitation et des idées multipliées, les narines animées, l'œil pénétrant, mais inquiet, c'est-à-dire s'électrisant par le désir et le souvenir, bien plus que par les objets qui l'entourent.

Le *courageux* puisant son caractère dans la *hardiesse* et la *force* réunies, ce sont les indices de ces élémens qui, combinés, établissent les siens; ainsi la force annonçant l'abondance de galvanique, et la hardiesse le départ toujours prêt à se faire de ce fluide surabondant, les yeux sont ardens, le sourcil élevé, suite de la dilatation causée par le fluide; les narines s'ouvrent pour la même expansion; enfin, le sourire modéré, quoique toujours évident, est une suite des mêmes causes de dilatation, et achève cet ensemble majestueux et imposant que le courage imprime aux héros.

Le *poltron* ou le *peureux* au contraire, provenant d'une moindre chaleur du sang et d'une moindre force d'esprit, suite de moins de galvanique, s'indique au peintre par un visage pâle, effet de la contraction; par des yeux ternes, résultat d'un cristallin qui reçoit très-peu de calorique; les paupières s'abaissent par la même cause; les lèvres tremblent comme par de légères commotions de l'électricité négative ; enfin, les cheveux se hérissent, toujours par le même effet de l'électricité négative qu'il éprouve, et qui me paraît démontrer de plus en plus l'identité de ces fluides.

La *honte* provenant d'un mélange de *douleur*, et de la *crainte* que donne l'infamie, a leurs caractères réunis, c'est-à-dire, le sourcil froncé, les yeux baissés, la bouche tombante, ainsi que nous l'avons expliqué physiquement en chacune de ces passions simples.

L'*indignation* étant un composé de la *colère*, puis de la *douleur* de voir arriver du bien ou du mal à qui ne le mérite pas, s'exprime au peintre par les indices déjà exposés, c'est-à-dire, par les yeux hagards et biais de la *colère*, son froncement du front et des sourcils, puis par les narines resserrées et la bouche contractée de la *douleur*.

La *pitié* étant un composé de la *tristesse*, causée par le mal d'autrui, de la *crainte* d'y être sujet et d'une légère *bienveillance*, a ces trois caractères ; le haut du visage exprime la *tristesse* par les indices déjà expliqués qui sont l'abattement du sourcil, puis l'œil terne et baissé ; les narines et les joues se contractent par la *crainte* ; enfin, la bouche s'entr'ouvre et semble vouloir sourire, caractère de *bienveillance*.

L'*envie*, provenant de la *douleur* de ne pas avoir, et de ce qu'on *désespère* de posséder le bien qui arrive à autrui, a le haut du visage contracté par le *désespoir*, le sourcil bas, l'œil peu ouvert et biais, les narines et les lèvres contractées de la *douleur* et de l'*imagination*.

L'*étonnement*, la *jalousie*, le *repentir*, l'*émulation*, etc., se détermineront également par les mêmes principes ; enfin, le peintre pourra ainsi, ce me semble, motiver et fixer toutes les inflexions des courbes du visage par les affinités que nous avons remarquées dans les passions qu'il aura à traiter ; ayant ici les caractères des bases, il aura facilement ceux des composés.

Toutes ces observations s'appliquent aux conformations quelconques; le jeu musculaire et devenu habituel, suivant les passions, peut bien sillonner le front, les joues, le coin de l'œil, par des courbes remarquables, et qu'on essaierait peut-être de calculer, d'après un visage donné et sur un seul individu; mais, dira-t-on, comme Lawater, que la grandeur du nez, les dimensions de la bouche et la forme osseuse d'un menton, indiquent seules les passions et le discernement, tandis que cette assertion est absolument contraire aux lois chimiques, au raisonnement et à l'expérience?

Cet observateur qui a érigé son tact seul et sa propre délicatesse en théorie, ce qui n'est pas admissible, me paraît donc s'être fortement trompé en prenant pour type de ses préventions, les profils ou silhouettes, en ce que les parties qui y dominent sont précisément les insignifiantes, comme le nez, le menton, et que le volume de face du front qui est si essentiel, les courbes horizontales de l'œil et de la bouche qui le sont aussi, ne sont pas vues ; enfin, en ce que les courbes musculaires, suites des contractions favorites de chaque individu n'y paraissent pas davantage, quoiqu'elles soient le caractère principal.

En un mot, les profils ne sont que des conséquences, comme nous l'avons dit, des causes que nous établissons, causes auxquelles il est bien plus naturel de recourir qu'aux effets ; tout au plus, la charpente osseuse indique-t-elle par fois une propension à telle passion, parce que la forme osseuse est rendue d'avance propre à un certain point par la nature, aux enveloppes musculaires qu'elle aura à soutenir, et dont le jeu formera la physionomie ; mais l'inverse n'a pas lieu réciproquement ; et je crois pouvoir répéter que le véritable type des passions, écrites sur la figure, est, indépendamment des autres traits, dans les courbes décrites par les muscles, et dans les traces qu'ils laissent sur la surface du visage par l'habitude. Les traits n'y fournissent rien quant au fond, et peuvent seulement, suivant leur volume, ajouter à l'expression.

Ce que j'avance me paraît si exact, que, sans exprimer aucun trait sur les figures 11, 12, et en indiquant seulement le jeu des courbes des muscles, on voit clairement que la première est la *fureur*, la seconde la *joie*, et que je puis appliquer sur ces faces, les nez, les bouches et les yeux les plus disparates, sans que l'expression de la passion soit changée; il en serait de même de toute autre passion; l'effet me paraît résider constamment et uniquement dans les rapports des courbes que décrivent les muscles qui changent l'aspect et le tour du visage, suivant des proportions, à la vérité, difficiles à déterminer géométriquement si elles ne sont pas impossibles, attendu la multiplicité et la direction de ces mêmes muscles.

Les passions simples et opposées présentent moins de difficultés peut-être dans le tracé de leurs courbes que les passions composées, lesquelles contractent les muscles en une infinité de directions diagonales par leurs combinaisons de deux à deux, trois à trois, etc.; mais elles ne sont pas moins d'une solution presque téméraire, quoique dignes des efforts des géomètres, par la multiplicité et l'incertitude des données.

Cependant si l'on voulait tenter ces recherches, il me semble que les remarques suivantes pourraient y guider l'analyse, et voici la marche qui me paraît pouvoir être suivie : on distinguerait les passions simples dilatantes et les passions simples contractantes; je dis dilatantes, par l'affluence de l'électricité positive; contractantes par la négative, comme nous l'avons exposé dans la description des passions. Les premières à considérer sont le *plaisir* et la *tristesse*, le *rire* et la *fureur*, le *désir* et la *répugnance*. Pour le rire et la fureur, par exemple, (fig: 11 et 12), on peut considérer le mouvement des muscles des joues et du tour de la bouche sur deux axes verticaux A′B′, passant par les foyers des sens biorganes, sources de l'impression qu'on examine. On voit que les ordonnées pm, pm', pm'', etc., (fig. 12), augmentent en raison de la dose du plaisir ou du galvanique affluent; que les ordonnées suivantes ramènent ensuite la courbe om, et la rendent concave du côté de la bouche, le tout suivant la dilatation produite par l'électricité positive (1). S'agit-il de la passion inverse, de la tristesse? Les ordonnées, pm, pm, (fig. 11), deviennent négatives en repassant du côté opposé de l'axe A' B', tracé par les sens biorganes, et déterminent la nouvelle courbe om du pli des joues autour de la bouche dans l'expression de la tristesse.

Cette concordance des ordonnées positives avec l'électricité positive et des négatives avec la négative, se fait remarquer dans toutes les courbes des yeux et des muscles qu'on voudra considérer. Par exemple, s'agit-il du mou-

―――――――――――――――――――――――

(1) J'emploie indifféremment les termes galvaniques ou électriques d'après leur identité.

vement du front et des sourcils, caractères très-décisifs des passions? On verra encore, en prenant pour axe, l'horizontale C D, (fig. 14), passant par les foyers biorganes ou plutôt la parallèle cd, on verra, dis-je, l'arc elliptique fmg, à plein ceintre dans la joie, (fig. 14), se surbaisser graduellement par le raccourcissement des ordonnées pm, jusqu'à ce que ces mêmes ordonnées soient réduites à zéro (fig. 15), dans l'indifférence ou l'approche de la tristesse, et deviennent enfin négatives dans le chagrin et l'abattement (fig. 16).

Mais, quelqu'intéressantes que puissent être ces relations des causes positives ou négatives avec les courbes correspondantes, les calculer n'en devient pas pour cela plus facile. Le jeu multiplié des muscles en une infinité de sens rend les forces combinées si variées, qu'en vain on tenterait de fixer ces dernières en quantité et en direction ; on n'aurait pas assez de données pour déterminer exactement les courbes des passions composées, il suffit pour le moment d'avoir essayé d'indiquer la marche à des géomètres plus exercés, et d'avoir fixé au peintre les formes générales des courbes des joues et des fronts dans les passions simples, pour en vérifier les principaux caractères dans les tableaux ou du moins pour en expliquer les motifs ainsi que le degré de la passion.

Essayons actuellement de motiver les attitudes.

Les attitudes si nécessaires au peintre pour rendre complète l'expression des passions, me paraissent devoir se déterminer d'après les mêmes bases chimiques; ainsi en les observant par ordre et en commençant par les sensations, nous verrons :

Le *plaisir* s'annoncer par la dilatation du corps, produite comme celle de la figure toujours par une affluence légère et graduée d'électricité positive. Ainsi, les bras s'élèvent alors légèrement, les doigts s'ouvrent, le cou s'enfle, et le corps présente dans son ensemble un air d'expansion, suite de l'augmentation du fluide jusqu'à son départ par une cause quelconque.

La *douleur* étant, comme nous l'avons dit, en traitant de la figure, une cessation d'équilibre des fluides en moins, s'annonce au peintre par la contraction qui doit en résulter et l'affaissement des membres; ainsi, les bras se resserrent, les mains se ferment et se crispent, les genoux se rapprochent, les pieds se courbent, et tout annonce le départ du fluide, agent de la vie.

Le *rire*, effet de la joie, étant le résultat d'une plus grande affluence d'électricité positive que dans le plaisir, s'annonce par une dilatation outrée; le cou s'enfle, la poitrine se soulève, le ventre se dilate à un tel point que les bras arrondis vers le coude, se rapprochent comme pour contenir les viscères; mais on remarquera que le rire, suite d'une impression morale, tirant sa source de l'action du calorique sur un des organes du cerveau, ne dilate que les parties supérieures du corps, et laisse les inférieures, les jambes, les genoux, dans un état de faiblesse qui s'indique au peintre par leur reploiement.

Le rire, entièrement physique, au contraire, comme celui qui résulte du chatouillement, étant produit par une affluence outrée de calorique, suite du contact forcé qu'on éprouve, produit un gonflement universel, et au dernier terme la suffocation et la mort.

Le *désespoir*, effet de la douleur extrême, étant le résultat de la perte excessive de l'électricité positive, s'annonce, quant à l'attitude, par l'affaissement total des membres ; les bras sont pendans ou bien entrelacés, ne pouvant se soutenir qu'ainsi. Le sujet est nécessairement appuyé ou couché à terre, ne pouvant se servir de ses jambes, enfin, le col est tors, ne pouvant supporter la tête qui tombe sur la poitrine.

Le *désir* et la *répugnance* que nous avons déjà observés quant à la figure, peuvent se déduire de même quant aux attitudes.

Le *désir*, étant une affinité ou tendance à l'équilibre du fluide électrique, s'annonce par l'extension de tous les organes ; les bras sont étendus vers l'objet désiré ; les doigts s'ouvrent, le corps entier s'y porte ; et la poitrine se soulève légèrement.

Ainsi le *curieux*, l'*intempérant*, le *sensuel délicat*, dérivés du désir, ont ces caractères quant à l'attitude, mais ont leurs variétés quant à la physionomie déjà indiquée.

La *répugnance*, effet d'électricité négative, s'indique au peintre par une contraction des membres et un éloignement pareil à celui que nous avons observé pour les traits ; les bras se retirent en arrière, ainsi que le corps ; et la poitrine s'affaisse.

Ainsi, le *dégouté*, le *souffrant* et le *mourant*, ont ces caractères plus ou moins prononcés dans leur attitude, en gardant la physionomie déterminée pour eux précédemment.

Si nous passons aux passions du second ordre ou composées,

L'*amant* qui éprouve toutes les affinités, aura, outre les caractères physiognomoniques indiqués, ceux de l'attitude du désir désignés plus haut.

L'*ami*, excité à un moindre degré, tend la main, avance d'un pas assuré et tranquille ; et le caractère, déjà désigné pour ses traits, achève de le rendre ressemblant.

Le *bienveillant* n'agissant point encore, joint l'immobilité à l'expression physionomique déjà fixée, et cette indication suffit pour le faire reconnaître.

Au contraire, le *haineux* joint, aux signes répulsifs fixés au peintre pour ses traits, par suite de l'électricité négative qu'il éprouve, le même éloignement pour ses membres ; ainsi ses épaules se resserrent, ses bras se jettent du côté opposé à l'objet qu'il regarde, son corps se penche en arrière.

L'*ennemi* a ces caractères renforcés.

Le *courageux*, composé de force et de hardiesse, c'est-à-dire, chargé d'un fluide galvanique, près de s'élancer à chaque instant, a, outre les caractères physiognomoniques déjà tracés, l'attitude dilatée, le bras étendu et menaçant, le pas et le corps en avant, le col et la poitrine gonflés.

Le *poltron* étant l'opposé et provenant d'un galvanique moindre, soit dans les organes inférieurs, soit en action sur le cerveau, a, outre la physionomie prescrite, les bras contractés et en arrière; le col et le corps déjetés, et les genoux défaillans.

Le *honteux*, composé de *douleur* et de *crainte* de l'infamie, joint, à la physionomie prescrite, l'affaissement, suite de ces deux élémens; le cou s'incline, la tête se penche, les bras sont pendans, les genoux demi ployés.

L'*impudent*, composé de *hardiesse* et de *plaisir* à faire le mal, a, outre les caractères fixés pour ses traits par expansion de galvanisme, ceux de dilatation des membres indiqués par ces deux passions simples, savoir ses bras demi-élancés et croisés, une jambe en avant, mais le corps sur la hanche; ce nier point par nécessité de soutenir une perte de galvanisme plus forte que le sujet ne le comporte en son état ordinaire.

L'indigné a, outre les caractères physiognomoniques de *la colère* et de *la douleur*, qui sont ses élémens, l'attitude à-la-fois dilatée en un sens de la colère, et contractée en l'autre de la douleur; ainsi les bras s'élèvent et s'arrondissent par le premier effet dilatant de la colère, puis se reploient par l'extrémité, en croisant les doigts pour se soutenir par le second effet; la poitrine s'avance, et la ceinture s'affaisse; enfin, le genou incertain porte la jambe en arrière.

La *pitié*, composée de *tristesse*, de *crainte* et de *bienveillance*, a les bras pendans du premier caractère, les mains légèrement soulevées du second, et le corps en avant du troisième.

Ainsi de suite pour les autres composés.

En un mot, le peintre peut saisir aisément, par cet exposé et ces analogies, toutes les attitudes mixtes, et les trouver motivées par l'expansion ou contraction, suite du plus ou de moins de galvanisme.

On ne peut terminer ce court essai sur les formes humaines, soit osseuses, soit musculaires dans la figure et l'attitude, sans parler de la beauté.

Que dire de cet attrait invincible qui nous porte à admirer, à aimer l'être doué d'un beau visage ? quel est ce tressaillement subit qu'on éprouve à son aspect ? quelle est cette impression profonde qui nous reste en le quittant ? et cependant quelle est cette variété étonnante de goûts chez les peuples, qui les porte à admirer ce que tous autres blâment ? On ne peut expliquer ces phénomènes au peintre, qu'en distinguant deux beautés, la beauté absolue et la beauté relative.

La beauté absolue ou générale, me paroît consister dans une disposition heureuse des traits, et telle qu'elle fasse abonder le fluide galvanique sur les organes déterminés des perfections morales de chaque sexe.

La beauté relative ou locale résulte simplement des proportions du fluide galvanique et de la rapidité de son équilibre qui s'établit entre deux individus, équilibre qui produit la sensation agréable nommée plaisir ou la sympathie (1), ainsi appelée par les physiognomonistes.

La *beauté absolue* doit donc être déterminée d'une manière précise, d'après son analogie parfaite avec la vérité, si elle n'est la vérité même, et ses indices seront le véritable type, quelles que soient les opinions bizarres des peuples à ce sujet; cherchons donc à former une tête idéale, d'après ces bases.

Commençons par l'homme.

Les caractères de la beauté absolue

---

(1) C'est cette tendance à l'équilibre qui est au printemps de la vie la cause de l'inclination en général des brunes pour les hommes d'un teint coloré, des blondes pour les teints basanés, des créoles pour les blancs, et qui, à tous les âges, produit le rapprochement des caractères, l'équilibre moral, la véritable et constante amitié.

dans l'homme me paraissent être *intelligence, bonté, force*. Pour y parvenir, les contours du visage sont les premières courbes à considérer ; ainsi, d'abord la courbe du front ou sommet de la figure, sera celle que nous avons déterminée algébriquement pour la plus grande intelligence, et sera composée des quatre arcs d'ellipse indiqués, mais adoucis ; les yeux et les oreilles dont les foyers servent à déterminer ces courbes de front, et par lesquels ils sont donnés réciproquement en position, assurent donc déjà (fig. 10) les points A, B, F, F' et les arcs Ar, rs, st, tx, xB pour la parfaite intelligence qui prescrit la véritable beauté de la partie supérieure du visage, c'est-à-dire, jusqu'au grand axe AB des ellipses des sens biorganes. Qu'on applique à présent sur les points F et F', comme centres invariables ou foyers, des yeux analogues au but proposé qui est toujours l'affluence du calorique lumière. On verra (1) qu'il faut que les

---

(1) On remarquera toujours que nous conservons le nom de calorique-lumière au fluide

paupières soient grandes et nettes pour que le fluide arrive en tous sens, que le globe de l'œil soit médiocrement saillant, que la cornée soit *noire* ou *bleu-foncé*, pour qu'il se dépense le moins possible de calorique en lumière réfléchie, et qu'il s'en absorbe davantage par l'organe; enfin que le cristallin ou centre d'aspiration du fluide, soit le plus grand possible; ce qui lui donnera ce feu, ce regard pénétrant de la beauté intelligente.

Les *sourcils* devront être des courbes parallèles aux paupières, et se trouver au-dessus de l'axe *cd*, au moyen d'ordonnées positives *pm*, pour indiquer en tout point l'affluence d'électricité positive.

Les *joues*, pour concourir au même but, étant un assemblage de muscles destinés à transmettre le calorique du

---

jusqu'à son arrivée aux organes, instant après lequel nous l'appelons galvanique ou électrique, pour nous conformer à la physiologie moderne, et distinguer les époques des causes, et celles des effets, dans le même agent.

toucher au centre 26 (fig. 13), de Gall, c'est-à-dire à *l'esprit comparatif,* soit que ce calorique afflue par le contact des corps avec les mains, soit par la bouche, qui n'est qu'un toucher plus délicat, les joues, dis-je, troisième agent des sens biorganes, doivent former un ellipsoïde vertical musculaire, tels que les foyers se trouvent, d'une part, au centre de l'organe 26, de Gall, centre de l'esprit *comparatif,* et de l'autre, au centre de la bouche qui est celui de l'affluence de calorique le plus sensible du toucher ; on obtiendra ainsi pour la partie inférieure du visage, au-dessous de l'axe A B invariable, une partie d'ellipse qui, réunie à la calotte supérieure $ArstvxB$, donne un ovale que la routine trace par approximation, mais qui doit être régulièrement la série des arcs Ar, rt, tx, xB, Bz, zA, que nous venons de déterminer successivement.

Le *nez,* quoique contribuant fort peu à l'affluence du calorique, doit néanmoins avoir, comme nous l'avons observé, la forme la plus favorable à la continuité de courbure, ainsi un nez droit ou légèrement aquilin, se liant immédiatement au front, et faisant suite à sa courbe, appartient encore à la beauté absolue ; ses narines légèrement ouvertes et mobiles, annonceront l'imagination ou la fréquence des pensées.

La *bouche*, quoique moins indispensablement utile encore dans ses dimensions particulières pour la beauté absolue et pour l'intelligence parfaite, devra cependant, quant à son but essentiel, avoir son entrée au foyer de l'ovale, correspondant au foyer opposé (26). Ainsi on prendra la distance du centre de la bouche au point z, qui est invariable, égale à la distance du centre de l'organe (26) au sommet de la tête t, pour que la communication de calorique, par l'enveloppe musculaire ellipsoïdale de la tête, se fasse directement au centre (26), le tout en nous conformant à ce que nous avons dit des joues, et regardant toujours le calorique comme traversant presque sans obstacle les fluides et même les membranes, et sans perdre sensiblement de son élasticité.

Mais en fixant ce centre utilement, on voit que les dimensions horizontales de la bouche même ne sont pas pour cela déterminées. Quelle en sera la loi? Essayons de la chercher : si la forme supérieure du front, les yeux, les sourcils, les joues, le nez même sont commandés par l'intelligence, les formes inférieures, telles que celle de la bouche paraissent devoir être indiquées par la bonté, second caractère essentiel de la beauté; il faut donc alors que les ordonnées négatives $p\,m$ (fig. 11) soient plus difficilement exprimées sur le visage, attendu qu'elles appartiennent aux passions haineuses ou tristes ; or les distances des extrémités de la bouche, à ces courbes des muscles des joues, étant supposées constantes, on voit qu'une bouche trop petite, facilite l'expression des ordonnées $p\,m$ négatives ou haineuses, ou humoristes : d'autre part les ordonnées positives, ou joyeuses *pm* (fig. 12), tenant trop à l'insensibilité aux maux d'autrui, par l'expression soutenue des courbes de dilatation du plaisir, on voit qu'une bouche trop grande, repoussant toujours les courbes *om*, l'expression serait constamment, en ordonnées positives, type d'égoïsme. Il semble donc qu'une bouche moyenne, telle que dans le rire, dernier terme des ordonnées positives, les extrémités de la bouche affleureraient les axes A'B' passant par les sens biorganes, remplirait le but proposé d'être un peu plus rapprochée des ordonnées positives que des négatives, c'est-à-dire de l'hilarité de l'ame aimante, que du sombre de l'ame haineuse. On aurait ainsi un *maximum* de la bouche épanouie dans le rire, et un *minimum* en état d'immobilité ; cette dernière étant donnée par la condition qu'il n'y ait jamais d'ordonnée négative, et que la courbe *om* du plis des joues se confonde au plus avec la ligne verticale A' B' dans la tristesse ou l'humeur.

Les

Les *lèvres* devront être plutôt minces qu'épaisses par les causes détaillées dans la description des passions ; leur courbure sera nette et leur couleur vive, résultat de calorique abondant ou de la vigueur.

Les *dents*, indices du système osseux doivent être blanches et saines, pour annoncer qu'il est pur : les arêtes seront bien parallèles, la convexité de leur surface, uniforme ; les gencives colorées, nettes et annonçant l'abondance du fluide.

Le *menton* enfin, auquel Lawater attribue beaucoup plus d'expression qu'il n'en comporte, est déterminé comme nous l'avons dit, par un ellipsoïde dans lequel la distance du centre de la bouche à l'extrémité du menton, est égale à la distance du sommet du crâne au centre 26 de Gall, pour que l'ovale inférieur soit parfait. Quant à ses formes plus ou moins amincies, elles tiennent beaucoup aux courbes musculaires ; la première forme osseuse étant donnée par la fixation des points ci-dessus; mais on observera que ces courbes musculaires font suite à celles du tour de la bouche; or, nous avons dit que les ordonnées *o m* de ces courbes, pour la beauté, devaient affleurer les axes biorganes verticaux A′ B′ pour rendre plus rare l'expression humoriste.

Si donc on joint les points où ces axes sont coupés par ces courbes avec le point Z, extrémité invariable du menton, on aura sa forme musculaire, la plus gracieuse et la plus propre à se raccorder avec les précédentes, toutes tracées dans le même but : *l'intelligence* et *la bonté*.

Actuellement la beauté des femmes étant une simple modification de celle-ci, en ce que ses caractères sont *intelligence*, *bonté* et *volupté*, elle me paraît devoir s'en déduire facilement. Quant au premier avantage, il s'établira en adoptant la courbe de front *a m t* B, seconde trouvée, et qui comporte *esprit* et *mémoire*, mais non la troisième courbe A *r s t v x* B qui, annonçant, d'après le centre G, le jugement profond et l'esprit comparatif ne doit pas être une donnée absolue de la beauté des femmes.

Les *yeux* fixés et placés suivant les mêmes principes, quant aux formes et aux couleurs, devront être grands, noirs ou bleus; mais avoir un cristallin moins dilaté, moins vif, qui, annonçant que le calorique prend en partie une autre direction que le cerveau, produira l'effet aimable, nommé *langueur*.

Le *nez*, vu la grande sensibilité du système nerveux des femmes, c'est-à-dire de l'effet du calorique sur les mêmes nerfs, effet qui les porte au troisième caractère du vœu de la nature, doit avoir, comme nous l'avons dit, la direction la plus propre à faire suite à la courbe intelligente et délicate du front féminin $amtB$, révolue en face : ainsi un nez droit ou légèrement aquilin, est un des caractères de la beauté du sexe; mais il faut y ajouter de plus un fini prodigieux dans le contour des narines et du cartilage qui les sépare, et une pureté de trait qui annonce, au moindre mouvement, cette agitation, effet du fluide universel et indice de la sensibilité.

La *bouche* déterminée, quant aux indices de *bonté*, comme nous l'avons indiqué pour les dimensions dans le visage de l'homme, doit y joindre pour le sexe le troisième caractère; ainsi des lèvres légèrement arrondies vers le milieu, par l'expansion de calorique et contractées par le bas, indice de finesse et de pudeur, sont indispensables pour achever les contours de cet organe charmant.

Les *joues* ou le tour du visage seront fixés également par l'ellipse (1); mais en observant que le foyer opposé à la bouche (26), centre de l'organe comparatif que nous avons choisi pour

---

(1) On remarquera que cette construction, en prenant la bouche pour foyer explique parfaitement l'effet magique du baiser, et sa réaction sur le cerveau.

l'homme, est moins nécessaire ici, et qu'en choisissant pour ce foyer le centre de l'organe 30 de Gall (fig. 13), qu'il attribue à la *bonté* ou à la *douceur*, nous aurons pour le tour du visage, le centre de la bouche étant fixé par-là, un oval plus alongé que dans l'homme, et qui procure cette forme gracieuse, indice d'une moindre force d'esprit, mais d'une plus grande délicatesse.

Ce que nous avons dit pour le menton et pour les dents, s'applique également ici, en y ajoutant toujours plus de fini et de correction que dans le trait masculin; car il faut observer que toutes les courbes rigoureusement déterminées et dessinées par ressaut dans le visage de l'homme, comme nous venons de le faire, se fondent merveilleusement dans les traits féminins, et les effets suivant la bonté des causes; de là naissent, j'ose le dire, la délicatesse et la douceur du sexe, de ce que le fluide, agent des sensations et des pensées, circule en lui en suivant des courbes qui se raccordent parfaitement sans violence ni secousse, effet constant du charme de la loi de continuité dans tous les ouvrages de la nature.

Tels sont les aperçus par lesquels le calcul me paraît pouvoir apprécier ou contredire utilement tant de systèmes sur la figure humaine.

En adoptant les mêmes bases, on en tirera des conséquences naturelles pour l'intelligence des animaux; car il est vraisemblable que cette faculté en eux, tient par les motifs indiqués à la quantité de calorique, affluent et aux formes des organes et des crânes plus ou moins favorables par leur courbure aux effets de ce fluide.

Si donc il convient de ne pas admettre en eux les organes additionnels au crâne humain remarqués par Gall, de leur refuser également par une suite des observations des plus célèbres physiologistes, tels que Cabanis, Dumas, etc., le travail du fluide et des pensées par ces organes, et, pour ainsi dire, de la digestion morale qu'ils opèrent, il n'en est pas moins vrai que le peu d'effets moraux qu'on remarque dans les animaux, résultent, comme dans l'homme, de l'action du fluide admis, sur la calotte ellipsoïdale du crâne, et que c'est en raison du rapprochement de cette calotte calculée avec celle fixée pour l'homme, que nous devons apprécier leurs facultés intellectuelles, et même leurs penchans à la voracité.

Ainsi, en parcourant brièvement quelques espèces pour confirmer notre théorie, nous voyons l'*éléphant*, dont le crâne énorme offre les obtubérances latérales déterminées, presque dans les mêmes proportions que pour l'homme, avoir une intelligence extraordinaire. Ces obtubérances naissent des arcs d'ellipse latéraux provenans eux-mêmes des foyers ou organes, 26, 30, qui sont ceux de la *mémoire* et de la *bonté*; aussi les éléphans sont-ils remarquables par ces caractères. On reconnaît, à l'agitation de leurs oreilles, l'effet du calorique affluent en grande quantité, et la vivacité de leur cristallin, quoique l'œil soit petit, annonce le même concours des causes d'intelligence; c'est enfin un des animaux dont la courbure de profil ait le plus de conformité avec celle du crâne, que nous avons déterminé pour type.

Le *cheval*, dont la courbure de tête a une continuité marquée, dont l'œil est beau, dont l'oreille est très-mobile, aurait une intelligence très-grande, si le volume du crâne était aussi vaste que la forme en est favorable à l'admission du calorique; mais le peu d'étendue de cette calotte du crâne, atténue en lui les effets, et bien que vulgairement on apprécie davantage les têtes moyennes et mêmes petites pour la beauté de cet animal, il n'en est pas moins vrai que les races les plus spirituelles, les plus braves et les plus vigoureuses, ont la partie supérieure du crâne très-large, l'œil saillant et d'un cristallin très-grand, comme on le remarque dans les chevaux arabes, dans les vrais andalous et les coureurs anglais, ou chevaux de race, dont la partie supérieure de la tête est beaucoup plus dilatée.

Il est inutile d'observer que la grande mobilité de la crinière de cet animal, tient autant à l'action électrique qu'à l'agitation nerveuse, l'un et l'autre provenans de la grande quantité de calorique qu'il absorbe.

C'est donc dans la courbe de front et dans ces divers caractères, que le peintre pourra puiser une partie de la noblesse ou le degré de vilité qu'il veut attribuer au cheval en ses tableaux.

Le *bœuf*, patient et presque stupide, est bien plus éloigné de la courbe de crâne, calculée pour l'intelligence. Notre ellipse de révolution est loin de produire ce front plat, insignifiant et sans réflection de calorique, cause de la nullité morale de cet animal; et il est à remarquer que presque tous les ruminans participent à cette nullité.

Enfin le *chat* et le *chien* sur-tout, dont les espèces sont si variées, ont tous plus ou moins d'intelligence, suivant le rapport de leur crâne avec celui que nous avons pris pour type. Qu'on en fasse l'application au *mops*, au *chien de berger*, et sur-tout aux *races de chasse*; on reconnaîtra combien leurs facultés tiennent à cette courbure de tête.

Je n'ai cité ce petit nombre d'animaux très-connus, que pour la confirmation de nos hypothèses; il sera facile à ceux qui voudront bien les adopter, d'en faire l'application à toutes les espèces.

Enfin la beauté du corps humain paraîtrait devoir faire le complément de ce chapitre pour la mélodie en peinture; mais attendu qu'elle influe fort peu sur les signes extérieurs des passions, et que la figure et les attitudes suffiraient à la rigueur, je prie les artistes de me permettre de les renvoyer au volume qui traitera de la *danse*, de l'*escrime* et du *voltige*, chapitres auxquels la perfection anatomique et la grâce des formes appartiennent plus directement.

DE L'HARMONIE
EN PEINTURE.

Nous avons considéré dans le chapitre précédent, la mélodie visuelle ou le trait simple des courbes imitatives dans les trois règnes. J'ai nommé *mélodie*, l'impression de ces courbes sur l'esprit par l'organe de la vue. Cette expression me paraît correcte dans le sens mathématique comme au figuré. Dans le premier, parce qu'ayant prouvé dans le chapitre MUSIQUE, *qu'on pouvait chanter les courbes des corps*, réciproquement les courbes du trait simple en peinture, me paraissent porter une espèce de chant à l'esprit à leur seul aspect, ou plutôt une impression douce ou triste, suivant la forme des courbes visuelles; ce qui est précisément la définition de la mélodie musicale. En second lieu, parce que ce serait réfuter la définition même de l'harmonie en peinture, admise universellement comme accompagnement pour l'œil, et qu'il n'y a point d'harmonie sans mélodie.

J'ai dit encore que l'expression était exacte au sens figuré, parce que l'impression seule du simple trait ou esquisse, semble suffire à une imagination ardente, pour produire en elle les sensations douces ou terribles qu'un chant peut inspirer. C'est ainsi que l'amant transporté sourit, se passionne en apercevant le simple profil crayonné de celle qui lui est chère, que le cœur palpitant, la bouche entr'ouverte, il semble soupirer le chant gracieux de ces contours adorés. C'est ainsi également qu'effrayé du simple trait de la tête de Méduse, ou d'un monstre des forêts, l'enfant alarmé semble pousser des cris d'effroi, véritable chant des courbes terribles qui frappent son esprit par l'organe de la vue.

Cette définition répétée et admise,

je passe à l'harmonie qui va en découler naturellement.

Nous considérerons l'harmonie des *corps simples*, l'harmonie des *composés* et l'harmonie des *couleurs*.

Je nomme *harmonie*, la sensation agréable résultante en nous des justes proportions du calorique-lumière, renvoyé à nos sens par plusieurs objets vus ou entendus simultanément ; proportions qui sont les consonnances ; de sorte que l'harmonie peut être définie : le *plaisir des consonnances*, soit auriculaires, soit visuelles. Ainsi, pour la musique, l'harmonie produit d'abord l'addition de calorique du chant, puis celle de la basse et des autres consonnances qui sont fixées, et telles que l'équilibre l'établit entre elles, quoique le fluide soit augmenté en nous. Pour la peinture, l'harmonie produit également l'addition de calorique-lumière, résultante du renvoi à l'œil du trait de l'esquisse ou de la mélodie visuelle, puis celle du calorique-lumière, renvoyé aussi à l'œil par les lignes parallèles du dessin, et surtout par les couleurs qui sont ses consonnances, et qui procurent également l'équilibre. Toute notre théorie de l'harmonie en peinture repose sur cette définition et ce parallèle de la mélodie auriculaire et de la mélodie visuelle.

Cherchons donc à appliquer ces idées à l'harmonie des objets dont nous avons déterminé la mélodie dans ce qui précède.

Quels que soient les sujets simples que nous ayions à considérer depuis la forme sphérique de la terre, jusqu'aux derniers détails des trois règnes dont nous avons brièvement esquissé le trait ou la mélodie dans le premier chapitre, ce premier trait fixé par les principes de mélodie visuelle indiqués, il est évident qu'on ne peut donner du relief à ces corps au simple trait que par des parallèles qui sont les consonnances de l'œil : en effet, les surfaces étant géométriquement des assemblages de lignes parallèles, c'est par des traits parallèles portant des effets consonnans à l'esprit, qu'on juge les surfaces; les solides étant des assemblages de surfaces accumulées, c'est par des traits parallèles et exprimant les limites de chaque surface, que le solide qui en est la réunion, se peint à l'esprit. Tous les procédés de la peinture ou du dessin doivent donc tendre à exprimer ces parallèles ou consonnances; c'est ce qui se pratique dans le dessin par le parallélisme des traits, et dans la peinture, par le parallélisme poussé presqu'à l'infini des traits d'un seul coup de pinceau; mais quelles sont les limites de ces consonnances dans les surfaces et les solides? C'est ce que nous essayerons de chercher.

Nous observerons avant tout, que la construction géométrique des surfaces et des solides que nous venons d'établir par le parallélisme de leurs élémens, est loin de suffire à la peinture pour les exprimer. Là elle exige la suppression totale de ces élémens vus, comme dans les parties éclairées; ici elle exige leur apparence même renforcée comme dans les parties obscures, et la raison en est évidente ; dans les parties éclairées, le parallélisme est tracé en couleur du faisceau de lumière, c'est-à-dire en blanc, et devient, pour ainsi dire, idéal sur un plan de cette couleur ; dans les parties obscures, au contraire (c'est-a-dire demi-obscures, car dans la nature il n'y a pas de privation absolue de lumière), ce parallélisme doit se détacher en noir, puisque chaque point ne réfléchit que très-peu de lumière à l'œil.

Voyons, d'après cet exposé, à trouver les limites des courbes parallèles des élémens, c'est-à-dire la limite qui sépare les courbes d'ombres ou tracés en noir, des courbes éclairées ou exprimées en blanc, et par conséquent invisibles sur un plan éclairé.

Soient données (fig. 9) les projections d'une sphère K—l—n, f''—e''—p'', éclairée par un point lumineux a a^{iv}. Déterminer les projections du cercle de séparation de la partie éclairée, de la partie ombrée de la sphère ;

nous

nous chercherons, par la suite, les projections du cercle produit par la pénétration de la sphère par chacun des rayons de lumière réfractés suivant un angle donné, dont le sommet serait projeté en i, i'''.

La limite de la partie éclairée et de celle ombrée d'un corps quelconque, n'étant autre chose que la courbe formée par tous les points de tangence des lignes ou rayons menés du point lumineux à cette surface, si nous imaginons un système de plans verticaux passant par le point lumineux, et coupant le solide de la sphère, chacun de ces plans contiendra deux rayons tangens à la courbe de cette section, et par conséquent à la sphère en deux points qu'il sera facile de ramener en projection horizontale, et ensuite de projeter verticalement, connaissant la projection horizontale, et de plus la hauteur au-dessus de l'horizon, donnée par la section de la sphère où est déterminé le point de tangence ; enfin, si par la succession des points obtenus de cette manière, on fait passer une courbe, elle sera la ligne séparant la partie éclairée de celle ombrée sur la surface sphérique, et la première partie du problème sera résolue. On pourrait opérer de même pour la deuxième, et déterminer sur chacun de ces plans de section rabattus sur l'horizon; le point ou le rayon réfracté, du point de tangence, suivant un angle donné, coupe le cercle produit par la section de la sphère par le plan, et ce point serait aussi celui où la sphère serait pénétrée par ce rayon; mais nous renvoyons plus loin cette seconde solution.

Par le point a, projection horizontale du point lumineux, et par celui b, projection horizontale du centre de la sphère, faisons passer un plan ab prolongé jusqu'au point i, sommet du cône, formé par la réfraction des rayons lumineux. Couchons ce plan sur l'horizon, en reportant son intersection commune avec le plan horizontal en $x'y'$, parallèle à abi, afin de ne pas embrouiller la figure. Le point lumineux a se trouvera au-dessus de l'intersection commune d'une quantité $y'a'''$, égale à l'élévation du point a^{iv} au-dessus de l'horizon. Déterminons également la position du centre de la sphère sur ce plan, en portant sur la première bb''', depuis l'intersection commune $y'x'$, la hauteur $b^v b^{vi}$, de ce point au-dessus de l'horizon; actuellement du centre b''', ainsi déterminé, et du rayon bk, décrivons

(131)

la circonférence e'—f'—m'—n''' égale au grand cercle de la sphère, nous aurons la section de la sphère par le plan projetté horizontalement en ab, passant par son centre.

Menons à cette section du point lumineux a''' les tangentes $a'''e'$, $a'''f'$, e' et f', seront les deux points de tangence de deux rayons de lumière, contenus dans ce plan; projetons-les horizontalement, en menant de ces points les lignes $e'e$ et $f'f$, parallèles à $a'''a$ et les points e et f où ces lignes rencontrent le plan de section qui contient les deux rayons, seront les projections horizontales de deux points de la courbe, limite de l'ombre et de la lumière sur la surface sphérique.

Pour en trouver d'autres, imaginons, par un rayon, coupant la projection horizontale de la sphère et mené arbitrairement du point a (celui ad, je suppose) un plan que nous coucherons également sur l'horizon; nous observerons que tous ces plans étant verticaux, couperont la sphère suivant des cercles d'autant plus petits, que leur divergence les éloignera plus du centre de la sphère; mais que tous ces cercles auront leurs centres à une même hauteur, au-dessus de l'horizon, que le centre de la sphère. Si donc du milieu et de la projection de ce cercle, on mène la ligne $d\ b''$, parallèle à $a\ a''$, et que sur cette ligne, au-dessus de la nouvelle section commune xy, on porte toujours la distance $b^{vi}\ b^{v}$ en b'', b'' sera le centre du nouveau cercle de section; et si du rayon dr on décrit le cercle $c'\ d'$, il sera le cercle même de section, duquel on mènera les points de tangence c' et d' en c et d, où les lignes de projection rencontrent le plan qui contient les deux rayons tangens; et ces points e, d seront deux autres points de la courbe.

On déterminera de même les points g et h. Quant aux points K et l appartenans au grand cercle horizontal de la sphère, on sent qu'ils sont d'abord déterminés par la tangence des rayons $a\ k$, $a\ l$, qui ne peuvent, en aucune manière, pénétrer la sphère, puisqu'ils glissent horizontalement sur le grand cercle. Si donc, par les points k, g, e, c, l, d, f, h, nous fesons passer une courbe, elle sera celle qui est produite par tous les points de tangence des rayons lumineux à la surface sphérique : pour en avoir la projection verticale, il ne s'agira plus que de mener de la projection horizontale de chacun de ces points sur le plan vertical des lignes de projection, et de fixer sur chacune d'elles la hauteur respective de ces points au-dessus de l'horizon : or, la hauteur de chacun de ces points est déterminée dans chaque section qui le contient, et la courbe $f^{ll}\ k^l\ l^l\ e^{ll}$, ainsi déterminée, est la projection verticale de celle qui est produite par les points de tangence des rayons de lumière. On a donc ainsi l'aspect horizontal et vertical de la courbe de séparation de la partie ombrée.

On opérerait pareillement pour tous les solides, en pratiquant des sections, dirigeant des plans tangens à ces sections, horisontalement et par le point lumineux ; puis renvoyant les points de tangence en projection verticale, et prenant leurs intersections avec les sections vues verticalement, on tracerait ainsi sur la surface de chaque corps, les courbes de démarcation de la lumière et de l'ombre.

Pour le solide (fig. 18) par exemple, représentant le corps féminin, solide, admirablement varié, et dans lequel les formes sphériques et elliptiques se lient avec une grâce merveilleuse, on voit qu'en rapprochant beaucoup les sections, et ayant soin d'en faire passer par les points où les courbes verticales se coupent entr'elles, on aurait des rayons tangens à toutes les naissances des solides proéminens du tronc potelé, gracieux que nous considérons, et la courbe limitrophe des parties éclairées.

Soit donc A la projection horizontale d'un corps de femme, A' la projection verticale; B, B' les projections respectives d'un point lumineux, il s'agit de trouver les projections des ombres portées par les parties saillantes sur ce corps, et de déterminer les limites des parties éclairées, et de celles qui se trouvent dans l'ombre.

Puisque la limite des ombres sur un corps quelconque est déterminée par les points de tangence des plans passant sur les surfaces des corps, et par le point lumineux, il suffira, pour trouver ces limites, de mener à ces surfaces autant de tangentes et de points qu'il sera nécessaire pour tracer la ligne de cette limite. Considérons le sein comme un demi-sphéroïde dont la projection verticale serait le grand cercle, et le point c' le centre. Sa projection horizontale sera une demi-circonférence dont le point c sera le centre. Menons par ce point, par exemple (dans le plan A), et par le point B, projection horizontale du point lumineux une ligne Bc, elle sera la projection horizontale d'un plan qui coupera la sphère suivant son grand cercle, puisqu'il passe par son centre. Couchons ce plan sur l'horizon, et ayant placé le centre c sur la perpendiculaire cc''', décrivons de ce point, comme centre, la circonférence tt', égale au grand cercle de la sphère, on aura la trace de la section de la sphère par ce plan : du point B, menons à cette circonférence la ligne Bt', t' sera le point de tangence d'un rayon de lumière à la sphère, compris dans ce plan, et par conséquent du plan tangent lui-même; projetons horizontalement ce point, en menant la ligne $t't$, parallèle à la ligne $c'''c$; t sera la projection horizontale du point où le rayon de lumière rencontre la sphère. La projection verticale sera sur la ligne tt''.

Pour l'y fixer, considérons que ce point, dans la section de la sphère, se trouve à une distance $c'''i$ du centre c''' ou plutôt à une distance tt' de l'axe d'abcisses Bc, portons cette hauteur tt' en projection verticale sur la ponctuée tt'', correspondante, le point t'' (élévation A) sera la projection verticale du point de tangence du rayon de lumière en t'''. Une opération semblable nous fera déterminer la position de ce point sur le profil. Pour trouver tout autre point, tirons arbitrairement du point lumineux une ligne qui coupe la projection horizontale de la sphère, et que nous supposerons être la ligne Be, remarquons qu'un plan coupe toujours une sphère suivant un cercle, et qu'on connaîtra ici le diamètre du cercle suivant lequel la sphère aura été coupée. Projetons verticalement ce point de centre, il se trouvera être à même hauteur que le centre du grand cercle. Couchons ce plan sur l'horizon, nous trouverons, par une opération absolument semblable à celle qui précéde, les projections horizontales et verticales du point de tangence du rayon Be, mené à cette nouvelle section.

C'est en construisant ainsi toutes les courbes des sections des différens plans sécans, menés par le point lumineux, et passant par le solide de révolution ou autres composant cette figure, et en menant des tangentes à ces courbes, que l'on parvient à trouver les différentes projections des points composant la ligne de limite des ombres.

Ce mode applicable à tous les solides, une fois déterminé, quelle est la loi de décroissement des parallèles vues, c'est-à-dire imitant les élémens demi-obscurs?

Cette loi se détermine en considérant qu'il n'y a pas d'obscurité absolue; que tous les autres corps éclairés, réfléchissant eux-mêmes des rayons lumineux, deviennent, pour le corps privé en partie du premier foyer, des foyers secondaires, influents sur sa partie obscure, suivant leur proximité, leur quantité et leur direction.

Tout consiste donc alors à déterminer le nouveau faisceau des rayons secondaires ou déjà réfléchis, pour en déduire leur résultat sur les corps non éclairés par les rayons primitifs.

Par exemple, étant donnée en projection verticale, la position de la lune et de la terre, et la direction des rayons du soleil par rapport à l'une et à l'autre, déterminer les projections des parties éclairées de ces deux sphères par les rayons du soleil, et la partie de la terre éclairée par la réflection des rayons solaires par la lune.

Après ce qui a été dit pour la détermination des points de tangence à la sphère des rayons de lumière partant d'un point *a* (fig. 9), on rappellera seulement qu'il ne s'agit ici, ainsi que dans le problème cité, que de déterminer les points de tangence des rayons du soleil aux deux sphères, pour avoir les limites de l'ombre et de la lumière sur ces deux sphères, et ensuite de déterminer sur celle de la terre, les points de tangence des arêtes d'un cône qui envelopperait la partie éclairée de la lune, pour avoir la partie de la terre éclairée par la réflection de la première.

Pour rendre la solution plus facile, imaginons le plan vertical de projection, passé par le centre des deux sphères, et que la direction des rayons du soleil soit parallèle au plan vertical de projection, il sera facile de voir que le cercle formé sur les sphères par les points de tangence de tous ces rayons parallèles entr'eux, sera un grand cercle de chacune des sphères, et se projettera sur le plan vertical, suivant des lignes droites l-l', $i''i$, puisque le plan qui les contiendra sera perpendiculaire au plan vertical de projection, et aux rayons parallèles émanés du disque solaire.

Les parties éclairées seront donc la demi-sphère $l'ol$ de la lune, et celle i-$p'i'$ de la terre; il ne reste plus qu'à déterminer sur la terre la partie éclairée par la réflection des rayons solaires par la lune.

Supposons un instant que la lune soit entièrement lumineuse, et qu'elle réfléchisse la lumière de toutes les parties possibles de sa surface, le plan vertical de projection restant d'ailleurs le même, la ligne de limite de la partie de la terre éclairée par réflection, serait également celle formée par tous les points de tangence, d'autant de plans que l'on pourrait mener tangentiellement aux deux sphères, et qui les laisseraient toutes deux du même côté : or, l'on sait que, dans un plan tangent à deux sphères, on ne peut mener qu'une seule ligne tangente aussi à ces sphères.

Considérons d'abord les deux plans tangens, qui seraient perpendiculaires au plan vertical de projection, ces deux plans se projetteraient suivant les lignes op', $o'p$ et ces lignes seraient aussi les projections des deux lignes tangentes que l'on aurait menées dans ces plans aux deux sphères, et leurs points de tangence seraient fixés en $p'p$ sur la terre, et en $o'o$ sur la lune. Or, faisons attention que tous les plans tangens conserveront, par rapport aux centres t, t' des deux sphères, le même écartement ou la même inclinaison, par rapport à la ligne tt' qui les joindroit, que ceux projetés suivant les lignes $o'p$, op' : donc tous les points de tangence de ces plans seront sur un même cercle des deux sphères contenues dans un plan perpendiculaire à la ligne $t't$; mais la ligne $t't$ est, dans le plan vertical de projection, puisque nous l'avons choisie par les centres des deux sphères : donc les plans qui contiendront ces cercles, ou ces cercles eux-mêmes se projeteront, suivant des lignes droites, sur le plan vertical, c'est-à-dire seront les lignes $o'o$ et pp'.

Nous observerons à présent que nous n'avons ici que la demi-sphère $l'ol$ de la lune qui réfléchisse les rayons lumineux, puisque l'autre portion est privée de lumière. La limite de la lumière réfléchie, dont la projection est en ligne droite sur la terre, se terminera donc à l'endroit où les points de tangence des plans commenceraient à être privés de lumière, se trouvant faire partie de la demi-sphère non-éclairée, c'est-à-dire aux points ll'. Il reste à déterminer de quelle manière aura lieu la continuation de la limite de la lumière réfléchie : or, cette portion de cette limite ne peut plus être déterminée par des plans tangens aux deux sphères, puisque celle de la lune est tronquée par l'ombre. Il faut donc de chacun des points projetés suivant la ligne $u'l$ sur la surface de la lune, mener à la partie up de la terre des tangentes qui détermineront la continuation de la limite. Ainsi, le point l étant dernier point lumineux réfléchissant, de plus étant compris dans le plan vertical de projection, réfléchira un rayon de lumière lp tangent à la terre au point p, qui sera le dernier point de la limite. On déterminera tous les points intermédiaires de u en p au moyen de sections faites par des plans passant par tous les points de la courbe $u'l$ et par les centres des deux sphères, et en menant, des points où ces plans rencontrent la courbe $u'l$ aux cercles de section de la terre, produits par ces mêmes plans, des tangentes à ces cercles ; et ramenant ensuite ces points en projection verticale, on aura la courbe up presqu'insensible à l'œil, mais qui doit cependant être déterminée.

L'échelle de cette figure n'a pas permis de tracer toutes ces opérations d'une exécution graphique fort difficile, quant à la précision : cette solution suffira, je pense, pour guider celui qui voudrait entreprendre la construction que l'on prévient devoir être faite sur une très-grande échelle.

Actuellement le foyer solaire conservé, qu'on substitue un objet quelconque à la terre ; qu'on substitue à la lune et aux foyers secondaires une bougie, un mur blanc ou tout autre corps apportant par lui-même ou par réflection un éclat inférieur, les courbes des reflets devront être déterminées sur les parties obscures, comme les parties éclairées l'ont été dans la première opération. On obtiendra ainsi les lignes limitrophes des reflets, qui se couperont elles-mêmes suivant d'autres courbes. La force des teintes, c'est-à-dire, celle des consonnances ou parallèles tracées, soit au crayon, soit au pinceau, croîtra ensuite suivant la proximité du foyer primitif, et suivant la direction des rayons relativement à l'œil, et ce seront les parties les plus voisines du foyer qui seront les plus obscures, c'est-à-dire, puisqu'il n'y a pas d'ombre absolue, celles qui, dans l'ombre relative, reçoivent le moins de réflection des corps voisins, et qui doivent rester conséquemment les plus noires.

Le grand art du peintre consiste donc, composition à part, à bien établir le coup de lumière primitif, à arrêter les courbes qu'il produit, et à établir celles qui résultent des réflections environnantes ; mais alors, que d'innombrables corps avoisinant celui qu'on peint, vont lui renvoyer encore des rayons secondaires, traçant des reflets qui eux-mêmes étant des sources de lumière, vont se reflèter à l'infini ! Comment arrêter tant de courbes, tant de nuances, tant d'effets de tant de causes si variées ? c'est ce que la peinture tente et ce qu'elle exprime avec assez d'art pour produire illusion ; c'est pourtant ce qu'elle ne pratiquera jamais bien géométriquement, vu l'infinité des données ; et cependant tel est, je le répète, le seul moyen d'arriver à la vérité, c'est-à-dire, de bien choisir et de fixer d'abord le coup de lumière, puis de regarder les parties éclairées de chaque corps, comme des foyers secondaires produisant les courbes des reflets; de considérer ces reflets eux-mêmes comme des foyers ternaires éclairant encore de moins en moins les corps plus sombres, et d'arriver ainsi à cette gradation

gradation de courbes parallèles motivées, et dont la proximité ou la force compose *les teintes*.

Quelle que soit la patience prodigieuse qu'exige un pareil travail, trop souvent négligé, on doit convenir que plusieurs peintres célèbres, de l'Ecole hollandaise surtout, sembleraient par leur grande exactitude s'y être livrés avec scrupule plutôt qu'à l'imitation simple.

Gérard Dow, Rembrandt, Vouwermans ont donné par-là à leurs ouvrages cette vérité inconcevable de détails, ce fini, cette suavité qui n'est autre que la vérité bien graduée dans ses nuances, ou l'harmonie.

Poursuivant nos opérations, s'agit-il d'un corps diaphane ? Ses élémens ne pourront se peindre à nos yeux par un parallélisme aussi déterminé, puisqu'une partie des rayons lumineux le traversent en se réfractant, et vont éclairer, quoique faiblement, les parties qui seraient obscures dans un autre corps; il n'en est pas moins vrai que la partie de ces rayons lumineux qui se réfléchit à notre œil, est déterminable, suivant les mêmes principes, que ceux qui ont servi à la fixation des courbes limitrophes des ombres; mais en observant que les traits parallèles réfléchis, soit colorés, soit demi-obscurs, seront plus faiblement marqués, puisque les rayons auront été dépensés en partie par les réfractions. Cette première forme obtenue pour le solide, c'est-à-dire pour ses consonnances éclairées ou obscures; il s'agira de tracer sur la partie obscure elle-même, c'est-à-dire, sur celle qui est considérée comme telle par son opposition au point lumineux, les courbes limitrophes des rayons refractés.

Or, nous avons dit plus haut, que nous pourrions, par les mêmes procédés, déterminer aussi les points de pénétration de la sphère par ces rayons refractés; mais que pour ne point embrouiller la figure, nous choisirions un moyen plus court, et qui conviendrait également à l'une et à l'autre des constructions.

En effet, choisissons (fig. 9) un plan qui contienne l'axe commun aux deux cônes formés, l'un, par tous les rayons lumineux, l'autre, par la réfraction de ces mêmes rayons lumineux, et tel qu'on y voie deux des rayons de chacun de ces cônes dans leur véritable grandeur ; ce plan sera celui qui se projettera horizontalement, suivant la ligne $a\,b\,i$ passant par le centre de la sphère, et la coupant suivant son grand cercle ; et par conséquent celui recouché, suivant l'intersection commune $y'x'$, et où sera tracée la section de la sphère suivant son grand cercle $e'f'n'''m'$. Les rayons $a'''f'$, $a'''\text{-}e'$, partant du point lumineux a''', sont tracés dans ce plan dans leur véritable grandeur, puisqu'ils y sont entièrement contenus ; leur réfraction y sera aussi contenue, puisque ce plan passe par le point lumineux et le point i, où aboutissent tous les rayons réfractés, et que de plus il contient les deux points de tangence e' et f'. Si donc de ces points au point i'', nous menons les rayons $e'\,i''$, $f'\,i''$ les points m' et n''' où ils rencontrent le grand cercle de la sphère, sont deux points où ils la pénètrent. Or, nous avons déjà observé que les rayons réfractés que nous considérerons maintenant comme arêtes d'un cône dont le point i''' serait le sommet, forment tous, avec l'axe $i''' o$, un angle constamment le même et égal à celui formé par l'arête $i'' m'$ ou $i'' n'''$ avec l'axe $i''' o$: donc, en supposant l'arête $i'' m$ tournant autour de l'axe $i'' o$, elle passera successivement par toutes les positions des autres arêtes ; et le point m' de cette arête restant toujours à une égale distance du point o de l'axe, engendrera un cercle qui sera celui suivant lequel la sphère sera pénétrée par tous les rayons réfractés, et dont l'apparence sur le plan, passant par l'axe, sera la ligne $m' n'''$. Un pareil raisonnement prouverait que le cercle produit par tous les points de tangence des rayons lumineux, aurait son apparence suivant la ligne $e' f'$, et l'opération pour parvenir à trouver la projection horizontale du cercle de pénétration des rayons réfractés, aurait pu s'appliquer également pour trouver celle du cercle de tangence.

Cela prouvé, prenons indifféremment sur la ligne $m' n'''$, considérée comme projection du cercle de pénétration, les points s, o, q appartenans à ce cercle même, puis parallèlement à la ligne $a a'''$, ou perpendiculairement à la section commune $y' x'$ de ce plan avec le plan horizontal de projection ; menons de ces points les lignes de projection s-s'', o-o'', q-q'', les points s, o, q se trouveront en projection horizontale sur ces lignes. Pour les y fixer, imaginons que le cercle de pénétration a tourné autour de sa ligne de projection $m'n''$, comme axe d'une quantité telle qu'il soit appliqué sur le plan dans lequel nous avons considéré jusqu'à présent toutes les lignes. On voit que les points s, o, q ont décrit des quarts de circonférence, et sont venus s'appliquer en s', p', q'. Prenons les distances s-s', o-p', qq', et portons ces distances sur les lignes de projection respectives de ces points de u en s'' et en t, de v en o'' et en p, et de n en q'' et en r, et les points s', o', q'', t, p, r seront des points par lesquels passeront les projections horizontales de la courbe de pénétration. Les points m' et n''' se trouvant dans le plan projeté horizontalement suivant la ligne ai, se trouveront à la rencontre de ce plan par les lignes de projection, menées de ces points, c'est-à-dire aux points m et n, et si par ces points et ceux précédemment déterminés, nous fesons passer la courbe $m s'' o'' q'' n r p t$, elle sera la projection horizontale de la courbe ou du cercle de pénétration de la sphère par les rayons réfractés. Pour avoir la projection verticale, on sent qu'il ne s'agit plus que de reprojeter tous ces points sur le plan vertical de projection, et de porter sur ces lignes les hauteurs respectives de chacun des points auxquels elles correspondent. Par exemple, pour le point n''', en prenant la distance $n'' n'''$ et la portant du point où la ligne de projection $n n'$ est coupée par l'intersection commune $i''' b^{vi}$ en n', ce point se trouvera fixé en projection verticale ; et en agissant de même pour les autres, on obtiendra la courbe $n' o''' m' p''$, qui sera la projection verticale du cercle de pénétration des rayons réfractés comme la courbe $f\ k' e'' l'$ est la projection verticale du cercle formé par tous les points de tangence des rayons de lumière que l'on pourrait mener du point a'^v tangentiellement à la sphère.

Il est évident, cette opération faite, que l'intersection renferme tous les rayons refractés, et que la partie interne est leur champ, c'est-à-dire, un composé de courbes pareilles concentriques, tracées d'une teinte moins brillante, ces rayons étant moins vifs que les rayons réfléchis, mais toujours bien plus vifs que ceux qui appartiennent à la partie privée à-la-fois des rayons réfléchis et réfractés.

Le corps diaphane se trouve donc ainsi exprimé, d'abord par les consonnances ou parallèles des rayons réfléchis, puis, par celles des rayons réfractés, ce qui l'établit d'une manière positive.

Même opération aurait lieu avec plus ou moins de difficulté pour tous autres solides.

On observera que ce qui vient d'être pratiqué, en ne considérant qu'un point lumineux, sommet du cône de lumière, aura lieu également, si ce cône est coupé antécédemment par d'autres corps, soit diaphanes, soit divisant les rayons, comme seraient des barreaux de fer ou des vitreaux à une croisée, etc. On opérerait absolument de même : les parties solides, interceptant les rayons lumineux, se trouveraient projetées d'abord sur la demi-sphère éclairée;

puis, dans la réfraction, ne produisant rien ou que très-peu, elles se projetteraient en noir dans le champ éclairé par réfraction de la demi-sphère opposée, et produiraient le tracé courbe de la croisée interposée. Cet effet piquant de la projection d'une croisée sur un globe de verre, se remarque dans le charmant tableau de l'hydropique de Gérard Dow, et de l'alchimiste de Rembrandt; et cette immense variété de projections sur des crystaux de toute espèce, produit un effet dont le charme ne peut être égalé que par la patience de ces célèbres artistes, quoique cependant les courbes ne paraissent pas toutes bien exactement calculées.

Jusqu'ici, nous n'avons considéré que les consonnances demi-obscures des corps, c'est-à-dire, les parties de ces mêmes corps privées de lumière. Il nous reste à considérer les ombres portées sur les corps environnans.

Les *ombres* peuvent être considérées, pour ainsi dire, comme les basses de la mélodie visuelle; c'est par elles que les corps indépendamment de l'effet des consonnances puisées dans leur propre forme, acquièrent la véritable saillie et se détachent des fonds ; il est donc important de nous en occuper, moins pour rappeler ici la méthode de les déterminer, méthode consignée en mille ouvrages, que pour en tirer peut-être quelques observations nouvelles.

Soit la figure 18 du corps féminin, dont nous nous sommes occupés d'une manière assez détaillée, lors de la fixation des consonnances ; qu'il s'agisse, après avoir obtenu les courbes limitrophes des parties éclairées ou obscures, de déterminer les ombres ou privations de lumière, causées par les saillies sur les autres parties, et prenons, pour saisir un cas compliqué, l'ombre jetée par la cuisse ployée, sur le reste du corps, c'est-à-dire, par un solide qui n'est pas de révolution sur un solide qui ne l'est pas davantage. Il est évident que l'on ne pourra prescrire ici la même exactitude que dans les corps révolus, puisque les constructions premières n'auront pas une loi suivie, et que chaque section du corps éclairé et du corps ombré par lui est à construire isolément. Néanmoins, cette méthode étant la seule par laquelle on puisse arriver à la vérité ou du moins en approcher plus qu'on ne fait ordinairement, en ayant assez de repaires ou points pour fixer les principaux de la courbe, il faut indiquer la solution en ce cas, qui renfermera le plus grand nombre des autres.

La première opération sera celle d'imaginer un plan sécant vertical par le point lumineux et un point donné de la cuisse, ce qui établit une section qui, n'appartenant pas à un solide de révolution, est à construire à part. Cette section déterminée le plus fidèlement possible; qu'on y mène (fig. 18), et par les mêmes procédés que ci-dessus, une tangente; qu'on en fasse autant pour chaque section mise à part, qu'on renvoie les points de tangence en projection horizontale et verticale, on aura les courbes limitrophes des consonnances ou parties demi-obscures, comme on les a eues pour le sein.

Or, la détermination des ombres sur les corps avoisinans, n'est qu'une conséquence de cette première opération, car la privation de lumière naissant de l'interposition du point de tangence, il est clair que le point où le rayon tangent perce le corps recevant l'ombre, appartient à la limite de l'ombre; ainsi K étant le centre de la section de la cuisse sur le plan recouché, j'y mène la tangente Br' qui prolongée touche le corps au point q', limite de la lumière, renvoyant donc ce point en projection verticale, et l'élevant à une hauteur égale à $q\,q'$, portée sur la ponctuée correspondante au-dessus de $B'C$, on a sur le corps le point limite q'' de l'ombre pour cette section ; opérant de même pour la section suivante, on aurait les points q''', q^{iv}, etc., qui fixent l'ombre portée par la cuisse.

On établirait de même l'ombre portée par le sein, les bras, etc., et on obtiendrait les limites précises des courbes; toutes ces opérations sont purement stéréotomiques ; on ne les indique ici que par leur liaison avec notre théorie générale sur l'harmonie, et sans prétendre en former un traité des ombres, pour lesquelles je renvoie à ceux qui existent et sur-tout aux opérations savantes des CC. Monge, Hachette, Enseinnman, excellens stéréotomistes, qui ont embrassé tous les cas.

Les ombres fixées maintenant quant à leurs limites, leur décroissement tient toujours aux degrés de lumière des corps environnans et surtout à leur couleur, qualité qui, absorbant ou renvoyant plus de lumière, puisque c'est l'essence même des couleurs, éclaire plus ou moins les parties ombrées. Ces nuances dans l'ombre même, entre plusieurs corps privés du coup de lumière primitif, sont ce qu'on nomme le *clair-obscur*, dont l'application est un talent des plus essentiels au peintre, parce que c'est l'aspect le plus général dans la nature où tout s'éclaire par réciprocité plus encore que par le premier jet du foyer solaire. C'est donc du clair-obscur que j'essayerai de dévoiler brièvement la magie, en la rendant la plus conforme possible à la vérité qui est le charme réel, lorsque je traiterai des couleurs ; car ce talent, consistant principalement à donner aux objets une nuance telle que les rayons enrichis ou appauvris à propos, éclairent plus ou moins les objets voisins dans la région demi-obscure où ils sont tous placés, cette définition seule fait voir que le clair-obscur tient immédiatement à l'harmonie des couleurs. Cependant, quelle que soit l'intensité relative des rayons renvoyés par les couleurs, les opérations primitives étant toujours stéréotomiques, nous pouvons déjà, en parlant de la gravure, indiquer les bases du clair-obscur qui se fait sentir même par l'effet du burin, premier type des consonnances.

La gravure, comme nous l'avons dit en traitant de la musique, est le véritable type de leurs analogies et des consonnances, en ce que tout s'y traçant par courbes très-sensibles à l'œil comme dans les courbes notées de la musique, le parallélisme est bien plus évident, et les directions des hachures sont plus apparentes que dans le dessin et la peinture, où les directions des traits se confondent par leur multiplicité. La gravure semble donc l'art le plus propre à mettre en évidence les opérations géométriques de la mélodie pour les contours, et celles de l'harmonie pour les ombres et reflets, puisque l'œil y distinguant chaque courbe peut suivre ou reconnaître la fidélité des opérations : telle est, ce me semble, la raison du grand effet d'une bonne gravure, c'est que le burin y trace toutes les opérations stéréotomiques, tandis qu'elles sont noyées sous le pinceau. Ceci n'est point dire, tant s'en faut, qu'une gravure soit préférable à un tableau pour l'œil ; mais seulement qu'elle y est plus satisfaisante pour le calcul et l'art, en ce qu'elle peut joindre à l'exactitude du trait la magie des couleurs, sous la main d'un artiste habile, et sous les yeux d'un observateur exercé.

Ce que nous avons dit sur l'exactitude des ombres et reflets par le trait du burin, est évident et n'a pas besoin d'une plus longue explication ; mais colorer par la gravure, est un problème nouveau en harmonie, et dont je crois pouvoir indiquer la solution.

S'il est bien reconnu que les couleurs ne sont autre chose que la sensation résultante des divers degrés d'élasticité de la lumière sur le nerf optique, celui qui parviendra à nuancer ou graduer la force des rayons réfléchis par le trait du burin, en des proportions qui soient celles de l'effet produit par les couleurs, en donnera la sensation. Or, le burin peut atténuer ou renforcer ainsi l'effet des rayons réfléchis, par deux moyens, la quantité et la direction des hachures :
1.° *la quantité*, en ce que partant d'une teinte dominante dans le tableau, et invariable, comme sont les couleurs du ciel, la verdure, si c'est un paysage, etc., et connaissant la quantité des hachures

qui expriment cette couleur, c'est leur augmentation ou raréfaction proportionnée à cette première base qui peut produire la sensation des autres couleurs. Cette proposition est évidente, car les hachures plus ou moins multipliées, indiquant à l'esprit, d'après ce que nous avons dit sur les consonnances, des privations de lumière plus ou moins grandes; il en résulte sur l'œil un trait plus ou moins vif, qui est le simulacre de l'effet des couleurs. Je dis le simulacre, car la gravure est un effet idéal quant au coloris ; c'est un calcul de l'esprit qui juge rapidement les proportions, et non une impression subite et mécanique, comme dans un tableau coloré.

Nul doute donc que la quantité des hachures bien graduées et délicatement tracées sur les parties éclairées, n'indique déjà les proportions des couleurs, et n'en produise ainsi l'effet à l'esprit : il reste à prouver que la direction des hachures y contribue aussi essentiellement. Cette observation est d'autant plus

plus importante, qu'elle permet de ne pas trop surcharger de hachures indicatives les parties éclairées dans les corps foncés, ce qui confondrait ces parties avec l'ombre, et réciproquement de distinguer encore, par la direction des hâchures dans ceux d'une couleur vive, l'effet de cette couleur de l'effet du coup de lumière qui frappe le corps.

Soit a (fig. 19) le point lumineux, b la position de l'œil contemplant la gravure (1); qu'il s'agisse de produire à l'esprit l'illusion des couleurs par la direction des hachures; qu'on tire une ligne de a à b, il est évident d'abord que toutes les zônes blanches interposées aux hachures, peuvent être considérées comme des bandes en relief très-petites, et qu'on peut raisonner sur elles, comme sur un petit plan en saillie qui recevrait les rayons lumineux

---

(1) C'est-à-dire soient a et b leurs projections sur le plan de la gravure qui est censé celui de la planche.

pour les renvoyer à l'œil plus ou moins abondamment, suivant le *nombre des zônes*, et plus ou moins fortement, suivant leurs directions. Or, on voit 1.° que si les zônes ou les hachures qui les produisent sont parallèles à la ligne ab, projection horizontale de celle qui joint l'œil et le point lumineux dans l'espace, l'angle de réflection, égal à celui d'incidence, portera à l'œil, ainsi placé, la majorité des rayons du conoïde très-évasé, dont le point C, par exemple, est le sommet (1); 2.° on voit que si tout restant le même, la zône ou les hachures ont la direction cdf, alors co, devenant la projection horizontale de l'axe du conoïde du nouvel angle d'incidence zt, l'œil ne recevra plus que les rayons cdb en minorité,

---

(1) Ceci est évident ; car les projections des rayons seront entr'elles, quant à l'abondance de ces mêmes rayons, comme les faisceaux sont entr'eux dans l'espace. On peut donc juger les quantités ou effets par les projections des cônes sur le plan de la gravure.

parce qu'il ne reçoit que ceux-là en projection horizontale, et éprouvera une sensation moins vive, que l'esprit comparera déjà à une couleur inférieure ou plus sombre; 3.° que si, enfin, la zône ou les hachures se confondent avec l'axe du premier conoïde cb, en prenant la direction bcp, l'œil ne recevra qu'un seul rayon tangentiel au plan, ou éprouvera la moindre de toutes les sensations que l'esprit comparera au violet, dernière couleur. Il suit de ce raisonnement, que les hachures légères et parallèles à la projection de la ligne, qui joint le point lumineux et l'œil dans une position donnée pour première base, peuvent, à un certain point, annoncer à l'esprit les couleurs vives; que les angles xy, zt, ue, ou leurs sinus fixés dans des rapports qui soient entr'eux, comme les degrés d'élasticité des rayons colorés fournis par le prisme, atténuant l'effet sur l'œil dans les mêmes proportions, en éloignant l'axe du faisceau réfléchi (1), peuvent produire à l'esprit la pensée des couleurs moins vives; qu'enfin, les hachures perpendiculaires à ab ou telles que l'œil, ne reçoive que très-peu de rayons, produiront l'effet des couleurs les plus sombres.

Cela posé, cette direction ne suffit pas dans les zônes; le trait qui les limite doit lui-même être calculé, et devenir imperceptible dans les couleurs vives; le rapprochement de ces traits doit atténuer la force des rayons réfléchis, suivant la nuance à exprimer; enfin l'épaisseur du trait même doit y entrer pour beaucoup.

C'est à nos graveurs célèbres à fixer l'application de cette méthode; plusieurs m'ont paru distinguer, en effet, par des hachures, les intentions des couleurs; mais leurs essais, en ce genre, ne sont basés que sur des conventions, tandis qu'il faut partir inévitablement d'une source optique, telle que celle que j'ai tâché d'exposer.

---

(1) Puisqu'alors sa projection s'éloigne de l'œil.

DE L'HARMONIE

DES COMPOSÉS.

Les courbes déterminées jusqu'ici, pour l'imitation des corps simples, n'étaient qu'un premier pas pour arriver aux courbes composées qui peuvent représenter toutes les scènes de la vie, et que le génie jette d'un trait facile, tandis que le calcul a peine à suivre sa main hardie pour démontrer le charme et affermir le succès; elles étaient indispensables pour les esquisses savantes, assemblage divin où la créature a presque la puissance et la magie du créateur, et fait naître d'un geste les êtres, les passions, la vie et la mort sur la toile animée; enfin, pour jeter un nouveau jour peut-être sur cet art, qu'on pourrait nommer universel, si toutes les parties qui le composent avaient cette perfection, cette précision mathématique qu'il n'appartient pas à la nature humaine de réunir sur tant de données. Cependant que de mortels privilégiés en ont approché ! Si la vérité, si les courbes qui la retracent n'ont pas toujours leurs formes rigoureuses dans les détails, combien l'ensemble magique des courbes composées dissimule ces légères différences ! combien l'admiration impose au juge ! Combien il est vrai de dire que la peinture, portée à sa perfection, serait le premier des arts !

Qui ne craindrait en admirant les chefs d'œuvre de *Raphaël*, de *Michel-Ange*, du *Guide*, du *Poussin*, de vérifier, au premier instant, les causes du charme qu'il éprouve, de méditer son ivresse, d'affaiblir son transport en divisant ses jouissances, quand il semble que l'ame y suffise à peine et n'ait plus rien à donner au calcul ? Telle est cependant la loi éternelle du beau et du vrai, que ces grands mobiles de nos impressions ont des bases mathématiques, même dans les plus vastes conceptions ; que c'est en suivant de loin ces bases que l'imagination de l'artiste fixe les courbes sans les calculer; qu'enfin l'enthousiasme appaisé il faille démêler par quel charme le prodige s'est opéré pour l'appliquer à de nouvelles compositions.

Il semble donc nécessaire de ramener ces vastes combinaisons, ces multitudes de courbes à leurs élémens, comme nous l'avons fait pour les détails de la mélodie et de l'harmonie des corps simples, puis de les considérer dans le solide de l'ensemble pour la composition ou l'harmonie générale.

Nous examinerons donc :

1°. Les solides des masses ou de l'ensemble.

2°. Les solides des grouppes qui réunis forment l'ensemble.

3°. *Le centre d'effet ou d'impression* sur lequel repose une grande partie de la magie de la peinture, point dont on ne s'était jamais occupé jusqu'ici, ou du moins qui n'existait dans les bons tableaux que par suite de l'impulsion du génie et **non** du calcul;

point très-essentiel que j'essayerai de déterminer.

Quant à la première donnée prescrite, *les solides de l'ensemble*, je crois pouvoir avancer que les solides les plus simples, formés par la réunion des personnages, tels que la sphère, le cône, l'ellipsoïde, et même les solides de révolution très-peu compliqués, sont les seuls susceptibles, toutes choses égales d'ailleurs, de produire ces effets mâles, ce *grandiose*, cette noble simplicité des chefs-d'œuvre; et que les autres solides, non de révolution ou bizarres, tendent tous à l'effet contraire. J'appuie cette assertion du raisonnement et du calcul.

Du raisonnement : car il est évident que les solides de révolution, étant les plus faciles à concevoir, l'esprit, quels que soient ensuite les détails des grouppes saisit mieux et plus facilement l'ensemble ; il suffit pour cela de se rappeler les impressions successives qui nous frappent à l'aspect d'un tableau ; le premier regard, quoiqu'assez vague saisit d'un trait les limites des corps, et aussitôt l'esprit joint rapidement par des lignes les points limitrophes de l'esquisse, ce qui en établit les contours. Or les solides de révolution désignés, étant ceux qui se projettent par le moindre nombre de lignes, sur un plan ou sur la toile, sont donc ceux qui fatiguent le moins l'esprit dans l'analyse de ces limites, et qui lui permettent de passer presque au même instant aux subdivisions des groupes.

Ainsi, par exemple, se présente majestueusement à nos regards la forme pyramidale ou conoïde du *Parnasse* de Raphaël. Sans s'arrêter d'abord à l'expression divine des personnages, expression résultante des principes de la mélodie visuelle, admirablement appliqués par ce grand peintre, l'œil saisit rapidement le solide d'ensemble, sans travail, sans fatigue, et l'Apollon placé au sommet, compense à lui seul, par son éclat, par sa beauté et sa grace divine, les impressions des rayons lumineux mais plus sombres, renvoyés par les personnages inférieurs plus nombreux, mais d'un moindre intétérêt; compensation qui produit l'équilibre ou l'harmonie.

Jetons les yeux sur l'*Assomption de la Vierge*, de Rubens, (fig. 1, planche 2) même observation. La base du conoïde est composée des apôtres et d'une masse de peuple en extase. A part les beautés de détail des groupes, auxquels nous reviendrons, remarquons que la Vierge s'élance rayonnante de gloire et de beauté, et forme le sommet d'un conoïde dont les groupes aëriens d'anges innombrables et ravissans forment la région moyenne, c'est-à-dire les cercles intermédiaires du sommet à la base; cette gradation sublime, cet effet agréable, est encore une suite de la loi de continuité, amie de l'œil, et de la compensation qui s'établit entre l'affluence des rayons lumineux, mais plus sombres, des objets multipliés de la base et la vivacité de ceux qui expriment la divinité placée au sommet.

Cependant en adoptant ces règles sévères, ces formes mathématiques de l'ensemble, gardons-nous de prescrire l'exécution rigoureuse et sans réserve de ces solides, de-là naîtraient la roideur et l'invraisemblance ; mais s'il est nécessaire de rompre l'uniformité des courbes de détail, l'esprit ne doit pas moins pouvoir saisir les premières avec facilité comme type du solide d'ensemble.

Ainsi, dans le tableau du *Parnasse* de Raphaël s'élèvent majestueusement sur le côté droit du conoïde deux Muses qui semblent interrompre la ligne latérale, que l'imagination cependant ne perd pas de vue en la retrouvant plus loin.

Ainsi dans l'*Assomption de* Rubens, le bras élancé de la Vierge, la tête d'un apôtre, et plusieurs saillies légères rompent l'uniformité, sans faire perdre la beauté de la masse entière.

La forme pyramidale ou conoïde se prononce encore en des chefs-d'œuvres plus simples *du Guide*, tels que le *Combat d'Hercule*, et *l'Enlèvement de Déjanire* (fig. 5); ainsi que dans *Vénus* et *Adonis*, de Rubens; *le Sommeil de Jésus*, d'Annibal - Carrache, etc. L'ensemble acquiert par là cette belle simplicité toujours compagne du vrai, et qui permet à l'esprit de se livrer tout entier à la beauté des détails.

Je ne m'étends pas davantage sur les citations innombrables qu'on pourrait faire de la forme conoïde, et je passe aux autres solides.

La forme sphérique pour l'ensemble est plus rare parce qu'il est impossible que dans la nature une réunion d'objets soit telle que tous aient cette uniformité, cette distance égale du centre au-dessus et sur-tout au-dessous de l'horizon; cette forme est peu commune, même dans les ellipsoïdes, et fait imaginer toujours des lois surnaturelles et des sujets miraculeux, tels que le *Ravissement de St.-Bruno*, de Lesueur, celui du *Prophête-Daniel*, le *Temps arrachant la vérité à l'en-*

vie, *etc.* du célèbre Poussin (fig. 4), la *Vision d'Ezechiel*, par Raphaël, etc., où les groupes sont des sphéroïdes ou ellipsoïdes isolés, et où la forme indique le prodige par cela même qu'elle est mathématiquement impossible dans l'ordre naturel ; mais le demi-sphéroïde, le demi-ellipsoïde sont plus fréquemment employés au-dessus de l'horizon, parce que outre la forme douce et continue qui en résulte pour les sujets paisibles, le centre d'effet et d'intérêt en est plus facile à déterminer, comme nous le verrons plus bas.

Parmi les ensembles demi-sphériques ou demi-ellipsoïdes, se remarque d'abord un des trois chefs-d'œuvre de la peinture, *la Communion de St. Jérôme*, du Dominiquin, où le demi-ellipsoïde, convient parfaitement à la sensation religieuse, sombre et uniforme que cause la vue d'un mourant, et ramène toute l'attention sur le personnage principal ; l'esprit ne s'égare point dans les sinuosités d'une courbe magistrale ; il faut nécessairement qu'il entre au premier instant dans l'ellipse, et qu'il y savoure les douloureuses beautés qu'elle renferme.

Une belle composition demi-ellipsoïde est encore *le St. Paul prêchant à Ephèse*, de le Sueur (fig. 3). La tranquillité religieuse d'une partie des auditeurs, le léger mouvement des docteurs qui livrent aux flammes leurs livres profanes, la position du sujet principal, de St. Paul, placé nécessairement au point le plus élevé, tout portait l'artiste à la forme ellipsoïde, favorable d'ailleurs à la détermination du centre d'effet dont nous parlerons bientôt.

Même observation sur *la Messe de St. Martin*, du même auteur; la situation religieuse et paisible de la scène, prescrit la courbure douce de la ligne magistrale.

Le Mariage de St. Joseph, de Vanlo, détermine par le but et la situation, la même courbure que le peintre a également choisie.

En un mot, tous les sujets de ce genre, tant d'après les peintres anciens que les modernes, paraissent traités d'après ce principe, qui n'est en eux qu'un sentiment.

Les solides rectilignes, par suite de la même observation, appartiennent aux compositions moins douces, comportant déjà une certaine agitation angulaire, et la division de l'intérêt dont le centre est moins facile à determiner alors.

Ainsi *la Femme adultère*, du Poussin (fig. 2), offre l'assemblage des assistans sous la forme parallélipipède. L'opposition des Pharisiens avec Jésus, celle de leurs sentimens, de leur doctrine, tout éloigne de la forme courbe, image de la continuité et de la concorde; mais, en même temps, nous remarquerons plus bas combien les groupes sont calculés par ce grand peintre, de manière à ramener le centre d'effet sur les deux personnages principaux, et que c'est la détermination de ce centre d'effet qui est le secret de l'admiration universelle, inspirée par le Poussin dans ses vastes compositions.

Rébecca et *Eliezer*, du même auteur, paraît calculé entièrement sur les mêmes bases. Les contours rectilignes annoncent avec une scène assez paisible d'abord, le léger mouvement de jalousie des compagnes de Rébecca, sentiment qui les groupe en les éloignant des formes courbes de la concorde ; mais toujours en ramenant le centre d'effet sur les personnages principaux.

Je citerai, parmi les modernes, le *Bélisaire*, de David, sujet paisible et douloureux, qui s'éloigne nécessairement des formes courbes, et qui retire une partie de l'aspérité qui le distingue de la rareté des personnages et de la rupture de continuité des lignes qui en résulte.

La Famille de Darius, de Lebrun, offre encore parmi les modernes une composition rectiligne, remarquable et indiquée par la majesté de la scène,

par

par le silencieux respect, par l'effroi qu'elle commande quand le vainqueur de l'Inde va prononcer sur le sort des rois de la Perse conquise. Tous les groupes forment dans leur ensemble un solide rectiligne, dont le centre d'intérêt tombe sur les figures principales.

Une foule de citations se présentent encore; mais il est inutile de les indiquer aux artistes qui auront admis cette observation.

S'agit-il maintenant de scènes plus éloignées encore de la paix, et d'arriver jusqu'au désordre des guerres civiles et à l'horreur des combats, c'est alors que les lignes d'ensemble doivent se briser et produire des solides hachés, brusques, âpres, terribles comme le sujet, et faire pressentir par les ressauts et les oscillations de l'œil flottant sur tant de contours si variés, le tumulte, l'agitation terrible de la scène enfermée dans les lignes magistrales.

Ainsi se présente à nos regards l'admirable scène de la *Peste des Philistins*, par le Poussin, qu'il faut toujours citer dans les tracés savans. Les contours brisés des groupes donnent à la scène cette agitation, cette incohérence tumultueuse et sombre que commande une grande calamité. Nulle liaison entre les personnages qui doivent tous se craindre, se fuir ; nul centre d'intérêt ; il est partout, et ce désordre mathématiquement calculé, cette obligation de vaciller entre les divers groupes, sans déterminer le centre d'effet résultant, est le dernier terme de l'art, parce que la douleur, l'horreur et l'effroi doivent régner par-tout en un tel sujet.

Les Batailles d'Alexandre, de le Brun, qu'on peut citer comme un des chefs-d'œuvre de l'Ecole française, sont encore entièrement tracées avec cette aspérité de la ligne principale. Qu'on essaie de couvrir la partie inférieure des tableaux ; qu'on laisse entrevoir les lignes hérissées du tracé supérieur, l'esprit juge en un instant le désordre, la destruction épouvantable de la scène intérieure.

Les Marines, de Vernet, présentent encore éminemment ce caractère ; à part la beauté remarquable des détails et l'intérêt des groupes, si rares et si touchans en général, quelle vérité jaillit de la seule courbe magistrale! Comme ces mers, ces frêles navires sont jetés d'une main fougueuse! ne semble-t-il pas que le pinceau même soit emporté, qu'il tourbillonne avec les aquilons, et que l'auteur est entraîné dans l'abyme, jaloux de se voir surpris dans toute son horreur? Aussi prétend-on que Vernet a essuyé la plupart des orages qu'il a peints avec une si effrayante fidélité.

Les Batailles de Parrocel, de *Wouvermans*, offrent encore évidemment ces lignes principales hérissées: en un mot, ces observations qu'on peut faire dans toutes les écoles, pour tous les sujets pareils, me dispensent des innombrables citations que je pourrais offrir.

Passons enfin à l'objet qui me paraît

essentiel : la détermination *du centre d'effet*.

Tout ce que nous venons de dire sur les courbes des composés, ne peut avoir lieu sans les courbes des groupes, et les groupes eux-mêmes étant des composés, doivent pour leurs solides particuliers, recevoir l'application de tout ce que nous venons de dire ; c'est donc la détermination de leur centre d'effet particulier, qui sert d'élémens à la fixation du centre d'effet général; c'est donc de ce point dont il faut d'abord chercher la place dans les groupes.

Soient trois surfaces ou poids superficiels (fig. 20, pl. 1.re), livrés à l'attraction centrale f ou à la pesanteur; si ces corps sont en état d'équilibre, c'est-à-dire d'harmonie mécanique, ils se balancent tous également autour du centre de gravité G, déterminé, comme on sait, d'après les centres de gravité des deux systèmes particuliers ab, bc, et en établissant les distances ou les leviers ag, bg, bg', cg', en raison inverse des poids. Ainsi l'esprit juge tout l'effort de ces poids être au point G ; puisque c'est là le centre de gravité ou d'effet en mécanique.

Or il en est absolument de même pour l'équilibre ou l'harmonie visuelle en peinture, les rayons d'attraction af, bf, cf peuvent être considérés comme des rayons visuels réfléchis à un point central qui est l'œil, et par conséquent f, le centre d'attraction, représenter l'œil même. On voit dès-lors que les impressions de ces rayons réfléchis sont en raison du nombre de molécules superficielles, ou des points vus, et renvoyant un rayon dans chacun des corps plans $a, b\, c$, comme elles sont pareillement en raison de leurs poids ou de leur nombre dans l'exemple précédent, relatif à la pesanteur. On sent évidemment que chaque molécule produit un effet sur l'œil, comme elle en produirait un sur le centre d'attraction. On sent enfin qu'il y a similitude parfaite dans l'effet mécanique, même sans admettre que les rayons réfléchis arrivent par une attraction partielle, suite de l'attraction générale, comme il est à présumer.

Il résulte de ceci que le centre d'impression des rayons visuels, renvoyés par les trois surfaces a, b, c, tomberait précisément sur le centre de gravité G, puisque le nombre des molécules réfléchissantes est le même que le nombre des molécules pesantes, et a la même position relative, ou plutôt qu'il serait ce centre même, si ces trois corps étaient de la même teinte, je dis de la même teinte, parce que l'effet des rayons réfléchis se composant et du nombre de ces rayons et de leur élasticité qui produit la sensation des couleurs, l'analogie parfaite des centres de gravité et et d'impression visuelle, n'existe que dans le premier cas.

Mais dira-t-on alors, presque tous les tableaux ayant des couleurs variées dans leurs groupes, il s'ensuit que jamais le centre d'impression ne sera précisément celui de gravité des surfaces; je réponds à cela que ce dernier servira à le déterminer exactement pour les esquisses d'abord, ainsi que pour les camayeux, et qu'il sera facile d'arriver par ce premier problème, à la solution du second, d'après la méthode que je vais donner.

De plus, il est clair qu'alors les puissances a, b, c, ou élémens des groupes se composant à-la-fois de leur étendue et de leur couleur partielle, au lieu de se composer uniquement de l'étendue simple ou du nombre de molécules attirées ou vues comme dans l'exemple précédent, la solution n'est qu'un corollaire du premier cas.

Ainsi, par exemple, si les trois corps superficiels a, b, c, étaient représentés par les nombres 2, 4, 6, où produisaient en surface, par exemple, 20, 40 et 60 décimètres carrés, le centre de gravité se prenait en établissant les distances bg', $g'c$, ag, gb, en raison inverse des nombres ou poids homogènes 6, 4, 4, 2 ; mais supposons à-présent que le corps a soit rouge, le corps b bleu, le corps c violet, on voit que les rayons réfléchis ou les nouvelles puissances sont en raison composée d'abord de leur densité ou surface comme ci-devant, puis de l'élasticité de ces mêmes rayons, c'est-à-dire, des couleurs. Or, ces degrés d'élasticité pouvant être à-peu-près déterminés par des expériences sur leur décomposition par le prisme, et peut-être sur leur vitesse relative quoiqu'extrême, seraient entre eux comme des nombres connus.

Ainsi, par exemple, si le rouge, le bleu et le violet étaient, quant à l'élasticité de leurs rayons, comme les nombres 5, 3, 1, les nouvelles puissances a, b, c, seraient entre elles comme les nombres 2, 4, 6, multipliés par les nombres exprimant leur couleur 5, 3, 1 ; c'est-à-dire, qu'il faudrait prendre les distances des centres d'impression en raison inverse des multiples 10, 12, 6, ce qui transportera les nouveaux centres d'impression en des points h, h', et le centre d'impression du système au point H différent du centre de gravité G, mais pour lequel celui-ci a servi de base à l'opération (1).

On voit par cette observation et l'influence des couleurs sur le centre d'impression, que l'harmonie des couleurs se lie intimement à celle des groupes, et qu'un plus long examen de

---

(1) Cette analogie des centres visuels et d'attraction est bien plus sensible dans les tableaux de plafonds; l'œil y représente mieux le centre de la terre, et les rayons visuels, les rayons d'attraction.

Cette nécessité d'être affecté intérieurement par l'organe de la vue, en raison de la quantité et de la direction des rayons visuels, n'expliquerait-elle pas aussi la similitude des traits chez les divers peuples, les ressemblances de la parenté, et même les *envies* ou imitations sur le fœtus, des objets vus par la mère? Ne serait-ce pas enfin à un certain point l'explication mécanique de l'influence du physique sur le moral en un grand nombre de cas (Voyez l'excellent ouvrage de M. Cabanis)? Entre mille preuves, on peut citer celle-ci relativement au fœtus. Le nain du roi de Pologne ressemblait prodigieusement à un enfant jésus de cire que sa mère n'avait cessé de regarder.

cette partie est du domaine du coloris dont nous parlerons.

Nous allons donc supposer, en continuant de traiter de l'harmonie des groupes, que les surfaces sont homogènes, ce, à quoi les peintres doivent tendre le plus possible en combinant ainsi les couleurs avec les volumes superficiels; l'opération ne sera pas plus difficile, quand le centre d'impression variera, comme nous venons de le faire voir.

Ce qui vient d'avoir lieu pour un

J'ai vu dans les Ardennes un idiot, image ambulante et affreuse du Christ de bois informe de la paroisse. Ses pieds et ses mains étaient contournés, les clous marqués, les couleurs pareilles, le visage absolument triangulaire et semblable à la face de bois. N'est-il pas évident que les deux mères ont reçu, par des regards continuels, des rayons de calorique-lumière proportionnés en nombre et en force aux surfaces et aux couleurs des deux Christs qu'elles regardaient. Delà des quantités proportionnelles de calorique interne dilatant le fœtus, et par suite une similitude de grandeur et même de formes avec les objets vus.

groupe *a b c*, et la détermination de son centre d'impression, aura lieu également pour tous autres groupes plus compliqués que nous voudrions considérer dans un tableau, comme *m*, *n*, *p*, *r*, *s*, *t*, *v*, (fig. 2, pl. II). Par exemple, dans le tableau de la *Femme adultère*, du Poussin, on voit que le centre de gravité ou d'impression du groupe *r s t v*, est au point G'', et que celui du groupe *m n p* est en le déterminant par les mêmes moyens au point g''; enfin, que ces deux centres d'impression des groupes combinés ensemble, ont, en dernière analyse, leur centre d'impression en G''', aussi est-ce là que ce grand peintre a placé la *Femme adultère*. En effet, le centre d'impression étant celui où se porte naturellement toute l'attention, tout l'effet mécanique, puisque là passe la résultante de tous les effets particuliers, là donc doit se trouver le personnage intéressant, l'objet principal, en un mot, le trait de l'ame; autrement il y a discordance entre les impressions physiques et les sentimens, il n'y a plus d'harmonie, il y a ce que les peintres nomment papillotage.

Il est donc évident que l'intérêt du sujet, ou les personnages qui l'expriment, doivent toujours se trouver au *centre d'impression mécanique et optique ;* et, c'est d'après ce principe, qu'on peut s'assurer de l'effet des groupes dans les grandes compositions, de leurs bonnes ou mauvaises dispositions, et expliquer l'effet de la belle simplicité, de cette unité dans l'ordonnance de cette partie d'harmonie, enfin, qui n'est autre, en ce cas, que l'identité des centres d'impression et du centre d'intérêt, en y plaçant le sujet principal.

Ainsi en nous résumant :

1.° *Le centre d'impression* est le même que *le centre de gravité* pour les surfaces homogènes, telles que les esquisses et les *camayeux* ou *grisailles*.

2.° Pour les tableaux colorés, il est le centre d'équilibre des surfaces combinées avec leurs couleurs respectives.

Presque tous les tableaux du Poussin réunissent éminemment ce mérite à celui de la noblesse et des beautés de détail. Voilà, j'ose le dire, le secret de ce grand peintre expliqué ; telle est la magie de la disposition de ses groupes, sans confusion, sans surcharge, que toujours le centre d'impression mécanique et optique, devient le centre d'intérêt moral, ou ne s'en éloigne que très-peu et toujours par des motifs savans et parfaitement médités, tels que les situations comportant du désordre, de l'agitation, et autres semblables.

Le S. Jérôme du Dominiquin offre encore une preuve de la justesse de cette théorie. Le personnage principal est placé précisément au centre d'impression physique, résultant du groupe des officians, d'une part, et des assistans, de l'autre; le petit nombre des officians est compensé habilement par la richesse des attributs, par la magnificence, l'éclat de l'autel vivement éclairé, et rétablissant ainsi l'harmonie; enfin, le peintre y joint adroitement un groupe d'anges, dont le centre d'impression, combiné avec le groupe de l'autel, rappelle précisément le centre général sur le *S. Jérôme* même.

Je pourrais multiplier les citations sur les déterminations des centres d'impression mécanique; mais comme ils se combinent presque tous avec le coloris, il faut renvoyer à ce chapitre de notre ouvrage. Les seuls exemples que je pourrais produire encore ici, seraient tirés des camayeux ou grisailles, pour que les groupes fussent homogènes, et retomberaient dans le premier problème suffisamment entendu.

Mais, en nous restreignant aux surfaces homogènes, il est même encore une nouvelle observation essentielle à faire.

Tout ce que nous avons dit sur la détermination des centres d'impression, supposait un fond uniforme pour les groupes, de même que les corps pondérans auxquels nous les avons comparés, sont regardés dans l'espace, être aussi indépendans de toute attraction ou influence réciproque ; mais l'on sent que les effets lumineux ou les impressions des objets composant les fonds, se combinant aussi avec les groupes, doivent entrer dans la détermination de leurs centres d'impression mécanique ; et c'est précisément l'art et le mode de les y faire entrer, de manière à conserver le centre d'impression générale de l'œil, sur le centre d'intérêt, qui compose l'art des *fabriques* ou accessoires des fonds ; c'est en même temps ce qui explique la bizarrerie apparente des centres d'impression qui sembleraient contredire notre théorie.

Il est évident que, pour opérer par ordre et simplifier la démonstration, il a fallu ne s'occuper d'abord que des groupes, et les comparer entr'eux ; il est évident encore, que formant l'intérêt principal par le sentiment qu'ils excitent, la détermination précise du centre d'impression en admettant les fonds, n'est, pour ainsi dire, qu'un scrupule d'harmonie ; mais encore est-il nécessaire d'y satisfaire et de démontrer que les peintres qui l'ont levé, ont rempli toutes les conditions, ont fait accorder l'impression mécanique avec le sentiment, et ont ainsi justement aspiré à produire des chefs-d'œuvre.

Je citerai encore à ce sujet le Corneille de la peinture, le célèbre Poussin. Nul n'a su mieux que lui compenser par les monumens et les accessoires de ses fonds pleins de richesse, les impressions plus faibles de certains groupes, nécessairement peu nombreux ou pâles en couleur. Ce talent particulier, au secours duquel il a le plus souvent appelé l'architecture, si propre aux grands effets et aux compositions de ce genre ; ce talent, dis-je, se remarque éminemment dans le tableau de la *Femme adultère*, déja cité maintes fois, on y distingue pour compensation de l'impression visuelle plus faible du groupe moins nombreux de la droite, un superbe monument de l'architecture
du

du temps, dont la perspective en projection sur le plan, et en ne considérant que l'esquisse, produit un volume superficiel qui rétablit l'équilibre; mais qui l'excéderait si le monument était moins éloigné, et par conséquent projeté plus grand sur le plan du tableau, ou tracé plus fortement.

Le tableau du même auteur, la *Peste des Philistins*, offre également une compensation habile des groupes plus éclairés de la gauche, par de vastes monumens richement composés, et qui suppléent à la rareté linéaire des personnages, en même temps qu'ils contrastent, par leur magnificence impassible, avec la nudité, les fléaux, la mort, la désolation universelle, et qu'ils servent enfin à ramener le centre d'impression visuelle vers le milieu du tableau, sans lui donner pourtant de place positive en un tel sujet.

Les tableaux de Lebrun offrent encore par la richesse de leurs draperies, l'intention d'établir cette compensation des groupes, par les accessoires, ainsi que les impressions mécaniques des surfaces des personnages par celles des monumens ; mais souvent l'opulence même des détails, excède en ses ouvrages la quantité nécessaire des rayons à réfléchir pour rétablir l'équilibre, et par suite l'œil s'occupe moins de l'action, puisque le centre d'impression visuelle tombe alors sur la nature morte qui ne dit rien à l'ame, et s'éloigne par-là du centre d'intérêt, avec lequel le premier doit toujours se confondre.

Quant aux peintres modernes, si les grandes compositions sont rares, si le peu d'encouragement donné aux artistes en ce genre, les éloigne jusqu'à présent de ces sujets grandioses, qui manifestent à-la-fois une imagination poëtique et une grande intelligence des groupes, il n'en faut pas moins remarquer leurs productions qui ont le plus frappé, et reconnaître une suite des principes que nous avons tenté d'exposer dans le succès qu'ont obtenu leurs ouvrages.

Les Sabines de David offrent une belle conception, un tumulte admirablement rendu; les groupes adroitement combinés amènent le centre d'impression visuelle sur les deux personnages principaux, dont un seul geste peut allumer une guerre terrible. On sent que plus le centre d'intérêt était vif et invariable, plus il était nécessaire que le centre d'impression y tombât. Aussi les superficies, soit des corps vivans, soit des accessoires, sont-elles parfaitement combinées dans ce but, et le coloris qui est la partie la moins remarquable du tableau, semble ne devoir rien changer à la fixation des centres d'impression des surfaces.

Le Bélisaire, du même auteur, est un des sujets qui sembleraient attaquer notre théorie sur l'union du centre d'intérêt et du centre d'impression visuelle, en ce que le personnage principal est placé dans un angle du tableau, loin de la ligne de milieu que nous avons presque toujours remarqué contenir le point d'intérêt; mais on observera que cette circonstance même favorise nos observations, en démontrant que le centre d'impression visuelle se porte dans cet angle précisément par l'influence de la vaste masse d'architecture, à laquelle le héros se trouve adossé, ce qui établit une compensation de rayons propres à rappeler l'équilibre ou l'harmonie.

Le Marcus Sextus, sujet très-simple, mais d'un admirable effet, le doit indépendamment de l'expression étonnante et sublime de la tête de Marcus, à la parfaite application pressentie, si elle n'est calculée, du principe de l'union des centres d'impression visuelle et du centre d'intérêt. Remarquons que la scène sombre du lit mortuaire, de la fille en pleurs, de cet appareil funèbre en demi-teinte, causée par une cloison à hauteur d'homme, fait à peine équilibre par son obscurité, et malgré l'étendue de la surface, à l'éclat de la tête du proscrit, et même à celui de la galerie extérieure éclairée qu'on entrevoit; ce qui amène le centre d'impression visuelle précisément sur cette tête même, véritable centre d'intérêt. Aussi, quelle émotion on éprouve ! Rien ne peut détourner nos regards de ce visage profondément consterné. L'ame entière, toutes les sensations sont en un seul point, sur cet œil admirablement stupéfié, sur cette bouche tremblante d'amour et de vengeance, et des pleurs viennent bientôt jeter un voile nécessaire sur l'œil du spectateur trop vivement pénétré par les deux impressions réunies.

Je pourrais multiplier les citations, quoique celles-ci, bien que peu nombreuses, suffisent, ce me semble, pour établir la nécessité de l'union des centres d'impression visuelle et du centre d'intérêt ; mais comme le moyen d'y parvenir complètement, exige, ainsi que nous l'avons exposé, le concours de l'harmonie des couleurs, nous allons y passer et essayer d'en exposer les principes.

DE L'HARMONIE

DES COULEURS

ET QUELQUES IDÉES SUR LE COLORIS.

Tout ce que nous avons dit, dans le chapitre précédent, sur la détermination des courbes-limites des ombres des corps, portées soit sur eux-mêmes, soit sur les objets voisins, était un préliminaire indispensable à l'art du coloris; mais toutes ces courbes ont été tracées dans l'hypothèse de l'homogénéité des corps et d'une altération égale du faisceau de lumière par leurs parties, ce qui n'établissait que la distinction du blanc et du noir plus ou moins gradué, en raison des zônes plus ou moins rapprochées du coup de lumière primitif ou secondaire : or, il n'en est pas ainsi dans la nature ; les corps se colorent en raison de l'altération qu'ils font subir au ressort élastique du faisceau lumineux, ce qui ne permet à ce faisceau de réfléchir que des rayons modifiés, et de causer ainsi la sensation des couleurs. On voit donc que la détermination, que nous avons crue très-rigoureuse, des courbes et des zônes non éclairées, n'est pas même assez exacte, parce qu'elle supposait dans la réflection des rayons sur la surface des corps, un angle constant, tandis que cet angle doit varier, à la vérité imperceptiblement et en raison du degré d'homogénéité de la surface réfléchissante. Ainsi, par exemple, soit une sphère blanche ou rouge (fig. 6, pl. 2), c'est-à-dire, dont les molécules comportent les degrés d'élasticité appelés ainsi; a étant le point lumineux, donne les rayons réfléchis ig, égaux à l'angle d'incidence, comme étant les plus vifs; actuellement si la sphère est bleue, il y aura absorption de calorique-lumière par la surface, puisque l'éclat du rayon diminue; cette surface sera donc, à la rigueur, moins dense que la première, et par suite, l'angle de réflection du rayon sera moindre. L'axe du cône de réflection passera donc en if. Enfin, si la sphère est supposée violette ou presque noire, dernier degré d'élasticité o; tout le calorique-lumière étant absorbé alors par la surface réfléchissante, puisqu'elle ne réfléchit presque rien, elle est donc la moins dense, et l'angle de retour du rayon est presque nul ; l'axe du cône passe donc en in. Il résulte de ceci, que l'œil étant dans une position constante, l'angle de réflection varie, quoique très-légèrement, en raison des couleurs, et que la précision mathématique exigerait que pour la détermination des zônes éclairées, on ne supposât pas l'angle de réflection uniforme, ce qui n'est pas exact et donne des courbes fausses, si le corps est diversement coloré, et par conséquent, à la rigueur, d'une densité réfléchissante, variable à sa surface.

De cette remarque, il suit que puisqué les axes des cônes lumineux sont pour le rouge en *ig*, pour le bleu en *if*, pour le violet en *in*, il faudrait, pour la scrupuleuse imitation, et que l'œil jugeât ou plutôt sentît également ces couleurs dans leur état d'élasticité respective, il se trouvât successivement au point *g*, puis en *f*, puis en *n*, sur chacun de ces axes, ce qui est impossible. Donc, puisque l'œil ne peut varier de place dans une perspective donnée, il me semble qu'il faut récupérer légèrement l'altération du rayon réfléchi, par la teinte qui le donne, et forcer imperceptiblement l'élasticité ou la vivacité de la couleur, en raison de la déviation de l'axe de chaque cône lumineux. Ainsi, en supposant l'œil en *g* pour la sphère rouge, il faudrait qu'il passât en *f*, pour sentir dans tout son effet la sphère bleue ; et en *n*, pour sentir dans tout son effet la sphère violette ; mais s'il reste en *g* à chacune des mutations de couleur, alors il faut redresser insensiblement les rayons *if* et *in*, et les approcher du point *g* par la force de la teinte, ou plutôt par sa vivacité, en la fesant participer légèrement de la couleur antécédente. Ainsi ce n'est qu'en mêlant une partie de l'impression rouge à l'impression totale bleue, que l'œil restant en g, jugera que la sphère est réellement bleue ; sans cela, l'œil attribuera à la faiblesse de la couleur le résultat du moindre angle produit par la densité variable de la surface réfléchissante, et croira cette couleur moins vive que le bleu. Il en serait de même de la sphère violette ; ce n'est qu'en y mêlant un peu de la couleur antécédente, que le rayon sera redressé de manière à porter à l'esprit la sensation du violet, sans cela l'œil la sentirait noire.

Cette courte exposition explique pourquoi il faut, même dans les parties éclairées, que les couleurs ne soient pas précisément sur la toile ce qu'elles doivent être pour l'esprit ; tout dépend de la couleur la plus vive, dont l'œil se fait une échelle d'appréciation pour juger les autres teintes, et dépend surtout de la position de l'œil.

Ainsi, en observant un tableau, et se plaçant exactement au centre de perspective avec lequel le centre des axes des cônes des couleurs devrait toujours se confondre, si le rouge, par exemple, domine dans le tableau, l'œil placé au point de perspective, se juge aussi au sommet des cônes lumineux, formés par les rayons rouges, et résultat des angles égaux à ceux d'incidence : voilà l'échelle de l'œil; c'est de là qu'il part pour juger les autres teintes. Il est clair que, sans changer de place, les axes des couleurs bleues du tableau ne viendront point aussi énergiquement à lui, s'ils ne sont forcés en vivacité, du moins pour les rapprocher, et il en sera de même des autres couleurs qui, sans jamais pouvoir faire confondre exactement leur axe avec celui du rouge, puisque alors il y aurait même densité, même réflection de la surface, même couleur, doivent en être rapprochées, pour produire chacune leur sensation dans une plénitude égale.

Plusieurs peintres célèbres paraissent avoir négligé cette remarque; de là un défaut essentiel, et tel que pour un œil scrupuleux, dans les parties éclairées, leur bleu n'est pas parfaitement bleu (1), leur vert n'est pas précisément vert; enfin que chaque couleur, sauf la dominante, est fausse réellement par relation, si ce n'est isolément. Ces défauts légers sont moins sensibles dans les ornemens, dans les draperies, dans les objets d'art où les couleurs sont arbitraires; mais quand la nature a posé des limites immuables, quand les lignes de démarcation sont aussi claires, aussi prononcées qu'on le voit en ses ouvrages sublimes : alors la base est donnée, et s'en écarter, devient doublement sensible pour le spec-

---

(1) C'est-à-dire que, bleu sur le tableau, il ne porte pas à l'esprit l'idée du bleu dans l'espace et dans l'objet qu'on veut exprimer.

tateur et l'artiste. Ainsi une mer azurée, une prairie, un beau ciel en un paysage, servent d'échelle d'appréciation ; l'œil, placé au point de perspective, juge l'axe de la couleur dominante, passer au point où il se trouve. Si c'est le vert, ou une prairie, par exemple, l'esprit juge que l'angle de réflection, égal à celui d'incidence, étant toujours réservé au rouge, l'axe que l'œil reçoit en vert, fait à la rigueur un angle moindre, et que par conséquent si le rouge reste rouge-pur sur le manteau de ce voyageur, l'axe de ce cône lumineux-rouge s'éloignera trop de l'axe vert ou de l'œil.

Pour produire la sensation plénière, il faut donc alors les rapprocher ici en affaiblissant au contraire légèrement le rouge ; et le rose, si la dominante est verte ou bleue, produira l'impression du rouge. Il en serait de même des autres couleurs qui doivent toujours être affaiblies ou renforcées en raison du voisinage et de l'espèce d'axe de la dominante.

Il faut remarquer, au reste, que cette observation sur l'illusion des couleurs dans les parties éclairées, est indépendante des autres altérations à subir encore par la réfraction des rayons à travers les différens milieux à traverser, suivant les distances, la densité et l'état de calme ou d'orage. Toutes ces altérations sont l'objet de problèmes à résoudre à l'infini pour la plus grande vérité, et qui sont ce qu'on nomme *donner de l'air* à un tableau; mais il n'en est pas moins vrai qu'à *priori*, il faut établir déjà ces modulations dans la première pose des couleurs, pour les altérer ensuite encore davantage par les causes secondaires, et parvenir graduellement, en analysant bien les causes successives, à rendre parfaitement les effets; ou ce qui est plus facile, il convient de calculer les variations, suites des réfractions et des distances avant l'arrivée des rayons au tableau, et quand ils y sont parvenus d'y appliquer notre observation sur le redressement insensible des axes des cônes lumineux.

Ainsi en nous résumant sur ce point.

1°. Les couleurs dans les parties éclairées doivent être légèrement atténuées ou renforcées en raison de la proximité et de l'espèce de l'axe du cône lumineux de la couleur dominante.

2°. Ces altérations doivent suivre immédiatement celles qui résultent des distances ou autres causes locales.

3°. Il convient de prendre pour dominante une couleur vive, puisque alors toutes les autres teintes s'en rapprochent, participent à cette vivacité, et contribuent à l'éclat du tableau.

Ainsi *ab* (fig. 7, planche 2) étant la projection horizontale du tableau, *mn* la partie rouge, *po* l'axe du cône-lumineux rouge, formant l'angle de réflection égal à celui d'incidens *cp*; enfin *o* étant la position fixe de l'œil ou point de vue, et *rs* étant une partie verte dont l'axe du cône-lumineux est *xy*; on voit que l'œil ne pouvant quitter le point *o* pour venir en *x* éprouver le vert dans toute sa plénitude, jugera si ce vert n'est pas légèrement affaibli, et par conséquent l'axe xy rapproché de lui, que la couleur est un peu au-dessus du vert; il en sera de même du violet, dont l'axe 2 4, devra être rapproché du point o, et la teinte insensiblement avivée au contraire pour rapprocher l'axe violet du point o, et pour que l'œil juge la teinte violette en effet; ainsi de suite pour toutes les couleurs, suivant la position de l'œil et la dominante (1).

On remarquera avec étonnement que cette loi scrupuleuse, si l'on veut, mais qui me paraît parfaitement juste n'est pas suivie en des tableaux du premier ordre de l'école d'Italie. Toutes

---

(1) En vain on objectera que l'angle de réflection est toujours égal à celui d'incidence : oui sur des plans d'une égale densité ; mais ici ces plans varient par cela même que les matières colorées qu'on y applique, les altèrent, et qu'il n'y aurait pas de variété de couleur sur la toile, si les plans réfléchissans restaient chimiquement les mêmes. Il serait ridicule d'objecter encore
les

les couleurs des vêtemens des personnages, par exemple, sont à leur dernier période de vivacité, ce qui donne au tableau de la fraîcheur, un éclat qui séduit et survit au temps, mais qui s'éloigne de l'exactitude optique. Une de ces couleurs étant dominante, toutes devraient être légèrement altérées en plus ou en moins, ce qui n'existe pas, et les ferait juger au premier coup-d'œil être toutes sur le même plan dans l'espace ; tandis que ce défaut provient de la cause expliquée, trop scrupuleuse peut-être, mais réellement existante lors même que tous les objets seraient en effet dans ce même plan, comme il est démontré dans la fig. 7.

---

que le prisme donne les sept couleurs sur un même plan : sans doute, mais parce que ce même prisme fait varier les angles; qu'on ôte le prisme, alors le faisceau lumineux reste entier, il n'y a plus qu'une couleur, à moins qu'en appliquant des matières altérantes sur le plan, on ne fasse de nouveau varier les angles de réflection.

Cette première altération subie par les couleurs en raison de l'élasticité différente de leurs rayons, viennent les modulations par suite des distances et du milieu que ces rayons ont à traverser.

L'altération, par suite des distances, n'est autre chose que la perspective des couleurs, c'est-à-dire leur projection sur le plan du tableau, en raison de leur gradation et de leur position ou influence respective.

Chacun sait que la perspective linéaire, qui trace les contours des objets, se détermine en tirant des lignes de tous les points limitrophes à l'œil, et que c'est en joignant tous les points où ces lignes percent le tableau, censé diaphane, que s'établit la perspective où la véritable projection pyramidale de l'objet vu.

Il en est de même pour la projection des rayons colorés, sur le plan diaphane du tableau. Chaque rayon est censé déposer sur la toile, en la traversant, sa teinte particulière, et produit par sa réunion avec les autres, l'illusion complète des objets que le peintre voyait, soit en réalité, soit en imagination à travers un plan transparent.

Donc pour appliquer dans leur juste degré de force ces points colorés qui réunis forment les teintes, il est évident qu'il faut considérer les rayons colorés partant des objets derrière le tableau, et avant qu'ils arrivent à son plan. Ainsi, (fig. 7), il faut calculer par approximation leurs altérations par les corps interposés, avant de les considérer dans le plan du tableau où notre première observation gardera toute sa force, quelque variété qui existe entre les couleurs par les altérations antécédentes.

Si donc le *vert* est un arbre, le *violet* une maison peinte, le *rouge* un manteau, que le temps soit censé nébuleux, les rayons éclairant ces objets seront dans leur retour altérés par la réfraction et par leur décomposition, même dans les nuages ; chacune de ces couleurs variera d'une quantité

14 *

donnée que le peintre jugera mieux en opérant successivement qu'en franchissant d'un trait toutes les transitions qu'éprouveront ces rayons pour arriver à l'œil. Les faisceaux réfléchis qui percent le tableau aux points *mn*, *rs*, 21, peuvent donc déjà arriver en fournissant une couleur très-différente de celle des objets vus de près. Cette opération est la première que le peintre ait à faire pour suivre ses rayons à chaque période. Ces premiers rayons connus en teinte, il les essayera sur sa palette ; mais comme ils peuvent recevoir ensuite des altérations nouvelles par leur rencontre avec d'autres rayons, comme serait le reflet d'un incendie, la lune qui se lève, un soleil couchant, alors ces rayons seront avivés ou amortis par ce nouvel incident; le peintre les imitera encore en ce second état sur sa palette, de même pour un troisième état. Enfin quel que soit le nombre d'altérations successives, il convient de fixer chaque modulation sur la palette, de suivre son rayon pas à pas, et d'obtenir ainsi sa véritable couleur définitive sur le plan du tableau. Il ne reste plus alors qu'à considérer les couleurs entre elles dans le même plan, suivant le premier problème de la fig. 7, pour donner ainsi à chaque objet sa teinte véritable, et produire l'illusion la plus complète.

Ceci connu, même pour les parties éclairées, on voit combien le problème se complique, lorsque il s'agit du *clair-obscur*, tous les corps s'éclairant réciproquement alors, et en ayant soin comme nous l'avons dit en parlant de l'harmonie, de donner les couleurs les plus vives aux corps dans l'ombre pour récupérer par leur vivacité le déficit du premier coup de lumière ; on voit, dis-je, puisque il y a autant d'opérations pour l'effet du coup de lumière primitif dans le problème précédent, combien il y en aura pour tant d'effets secondaires. Il n'en est pas moins vrai que c'est en suivant cette marche, au moins pour les objets principaux, que le peintre me paraît pouvoir s'assurer de la vérité de ses teintes.

Quant à l'application première et idéale des couleurs aux objets, le choix est guidé en plusieurs ouvrages très-détaillés, quoique superficiels sur le clair-obscur, et où l'expérience donne des leçons utiles pour la pratique. Qu'il me soit donc permis de ne point m'étendre sur cette partie, cet ouvrage n'étant point didactique, mais simplement un court exposé d'idées qu'on soumet aux artistes pour les progrès de l'art.

Je passe donc à des observations qui me paraissent plus nouvelles.

Jusqu'ici les combinaisons qu'on a faites pour doter en couleur les objets *à priori*, afin de les faire ressortir réciproquement, m'ont paru basées uniquement sur les effets du clair-obscur; peut-être sur la nécessité dans les parties éclairées, mais très-éloignées, de suppléer l'altération du rayon par sa vivacité première ou sa teinte, mais jamais en raison des motifs ci-dessus énoncés, de la variété des axes colorés ; encore moins s'est-on occupé d'une observation plus utile, et qui me paraît devoir entrer pour beaucoup dans le choix de la couleur attribuée aux objets dans l'espace pour arriver aux meilleurs résultats sur la toile, je vais tâcher de l'exposer : car elle est la base de l'*harmonie des couleurs*.

Nous avons dans le chapitre *musique* fait sentir les très-grandes analogies de cet art avec la peinture, par les rapports intimes de l'ouïe et de la vue dans leurs effets sur l'esprit. Nous avons vu que les consonnances musicales ou les accords, avaient un rapport étonnant avec les couleurs consonnantes, c'est-à-dire avec celles dont la fusion produit des couleurs douces et admises ; que ces rapports se suivaient à la tierce, à la quinte et à la septième ; de sorte qu'il existe des tierces colorées, des quintes, etc. : or, de même qu'en musique, l'harmonie résulte de l'application des accords résonnans ; en peinture, elle doit résulter de l'application des accords colorés. Cela est évident, et semble constituer toute la théorie de l'*harmonie des couleurs*; car non-seulement la chose me paraît démontrée par les longs détails où nous sommes entrés à l'article Musique, mais encore on observera, dans l'application, que deux couleurs apposées sur un objet et qui se touchent, forment, par leur réunion, une résultante : or, cette résultante sera évidemment une consonnance, si les couleurs limitrophes la procurent, c'est-à-dire si elles sont les mêmes que la résultante, ou font un accord coloré avec elle, et d'une autre part, elle sera une dissonnance, si la résultante et la couleur qui la touche immédiatement, ne sont entr'elles ni à la tierce, ni à la quinte, etc., de la game des couleurs. Telle est, j'ose l'affirmer, la cause des effets désagréables de certain coloris; telle est la cause en même-temps du bon choix dans ses moyens, les consonnances.

Ce raisonnement, qui me paraît exact, est confirmé par l'expérience et la seule impulsion des grands maîtres en plusieurs chefs-d'œuvre. Qu'on observe les oppositions des couleurs contiguës qu'ils emploient dans leurs sujets; qu'on cherche leurs résultantes bien connues dans la gamme visuelle, on verra presque toujours le choix guidé par le génie seul, tomber sur les accords colorés, choix que l'on n'expliquait pas, mais que l'art doit approfondir pour la démonstration et l'application des mêmes ressources.

Les peintres des basiliques, des sujets grandioses, des dômes, des plafonds des palais, à une grande hauteur, n'ignorent pas une partie de ces effets, sans en expliquer la cause harmonique. Ils travaillent par zônes sans fondre leurs couleurs, sachant bien que de loin deux zônes contiguës produisent une résultante ; mais si ces résultantes sont par fois des consonnances dans leurs ouvrages avec les couleurs voisines, ils ne paraissent pas, en général, s'en être doutés, dans ce cas, pour des sujets si vastes; et cependant telle est la nécessité d'y penser, même pour les zônes primitives, qui donnent du relief aux objets, que les résultantes mêmes de ces zônes devraient, à la rigueur, être comparées encore entr'elles, pour reconnaître si les résultantes des résultantes elles-mêmes sont des consonnances.

Mais, dira-t-on, en prescrivant cette loi, qui paraît en effet irrécusable, comment soutenir la solution des problèmes antécédents, et concilier tant de principes, qui chacun altèrent la couleur donnée *à priori* dans l'espace? Je répondrai que c'est par les détails adroitement jetés, qu'on produira ces accords; que les problèmes antécédens sont toujours les premières bases de l'application des couleurs pour les sujets principaux; que leurs solutions, qui tiennent à la mélodie, première loi à considérer en musique, sont aussi les premières à observer en peinture; que l'harmonie enfin est un charme de plus; mais que la vérité nue et toujours belle, c'est-à-dire la mélodie, pourrait se suffire à elle-même dans ces deux arts, ou ne veut que des ornemens parfaitement adaptés.

Ainsi, d'après ce principe de la mélodie des couleurs, antécédente à l'harmonie, le peintre me paraît devoir en résumant tous les principes que nous venons de poser :

1.º Fixer par un essai la couleur des objets principaux *à priori*, et dans l'espace.

2.º L'altérer par les effets des distances, du milieu à traverser, ou de l'influence réciproque des objets, et suivre ces teintes pas à pas sur sa palette.

3.º Chaque rayon arrivé au plan du tableau dans une teinte connue, redresser imperceptiblement cette teinte, suivant la dominante ; telles sont les règles principales qui me paraissent nécessaires pour satisfaire à la mélodie.

4.º Les couleurs des objets principaux fixées ainsi, jeter alors les accessoires ou ornemens nécessaires, et produire des consonnances avec les premières ; telle est la règle principale pour satisfaire à l'harmonie.

Les citations suivantes vont, ce me semble, en convaincre.

L'Institution de l'Eucharistie, par le Poussin, offre un très-bel effet des consonnances visuelles. Il n'a employé pour ses personnages que les trois couleurs fondamentales, *rouge*, *jaune* et *bleu*, attendu que la scène n'étant éclairée que par une lampe, et n'offrant qu'un coup de lumière assez pâle, les accords visuels doivent être très-déterminés et ressortir des couleurs les plus vives, qui sont les fondamentales et les sources des consonnances.

La Présentation de Jésus-Christ au Temple, par Vouet, offre un exemple contraire, la scène étant très-éclairée; mais le tact a conduit le peintre à offrir des consonnances prises dans la couleur des vêtemens adroitement combinés avec le fond jaune du Temple. Ainsi, le vêtement *bleu* et *rouge* de la Vierge donne d'abord un accord *violet*, lequel se lie parfaitement avec la tunique violette du grand prêtre qui la touche. On sent que si la résultante du vêtement de la Vierge était, au contraire, le *vert*, par exemple, cette résultante touchant le violet, n'offrirait qu'une dissonnance; car point d'accord entre le *violet* et le *vert*, et elle produirait un effet désagréable au lieu de l'harmonie qui existe ici. Cette résultante *violette*, obtenue pour les personnages principaux, se combine ensuite avec le *jaune* de la colonnade qui règne au-dessus de l'enfant, et produit ainsi l'*incarnat*, résultante, tombant sur le corps nu du Christ avec lequel il est en harmonie, en y portant en même temps le centre d'impression.

La Femme adultère du Poussin, dont nous avons remarqué la belle composition, n'offre pas le même sujet d'admiration pour le coloris. La dominante y est *rouge*, à la vérité, pour relever le peu d'éclat du fond; mais la résultante colorée qui doit tomber sur la Femme adultère ne peut-être *bleue*; et cependant tel est le vêtement de la coupable. Delà vient que les personnages, si bien liés par la composition, ne le sont pas par le coloris; les résultantes, n'étant pas fixées avec justesse, les vêtemens font tache, l'œil va par ressauts de personnage en personnage, et s'arrêterait à peine sur l'objet principal, si le centre d'impression des masses ne l'y portait avec une telle précision qu'elle atténue ce défaut dans le coloris.

Dans la Peste du même auteur, le désordre du coloris est aussi bien motivé que celui des masses, les teintes pâles, sombres, conviennent à ce sujet terrible. Tous les vêtemens sont bruns, toutes les chairs blafardes et pourprées, toutes les résultantes sont jaunâtres et en harmonie avec les corps des mourans qui remplissent ce théâtre d'horreur.

La Famille de Darius, par Lebrun, offre, par une scène assez sombre, des couleurs consonnantes déterminées heureusement. On remarquera que tous les personnages renfermés dans la tente, offrent à peine, malgré l'éclat de leurs pierreries et le nombre des carnations, une résultante égale aux résultantes *du rouge vif et du bleu clair,* que produisent les vêtemens d'Alexandre, d'Éphestion, et le fond du ciel pur sur lequel ils se détachent. Delà, il suit que la résultante définitive des deux résultantes particulières que nous venons de citer, tombe précisément entre les deux héros et Sigigambis; mais plus près des premiers qui, en effet, doivent être vus distinctement, et avant tout, comme les arbitres, qui, d'un mot, d'un geste, peuvent anéantir un empire et ses anciens maîtres. Nous observerons néanmoins que la robe de la mère de Darius, devrait être d'un *jaune* beaucoup plus sombre, ou se trouver en partie dans la teinte obscure ; car en son état actuel, elle fait dissonnance, et n'est pas la résultante du *vert-clair* de la tente avec le *violet* du groupe des deux héros vainqueurs.

Le Temps et la Vérité, du Poussin, offre un coloris bien entendu ; le voile *bleu* du Temps, et la tunique *rouge* de la Discorde, donnent une première résultante *violette* ; d'autre part, et dans le haut du tableau, un groupe d'anges presque blanc de lumière, donne, par leur couleur et celle du nuage, une résultante *jaune-clair*. Cette résultante, combinée enfin avec la résultante *violette* opposée, donne pour troisième résultante, un bel *incarnat*, couleur de la vérité nue, sur laquelle se porte toute l'attention.

La Nativité de Lebrun, offre un effet pareil, mais plus difficile à rendre. Il y a trois coups de lumière : le jour, une lampe et l'éclat de la gloire du Christ. Néanmoins tous ces effets sont assez adroitement ménagés, pour que les vêtemens *bleus* de la vierge, atténués par le coup de lumière et combinés avec le *jaune* et le *rouge* des nombreux assistans, produisent une *couleur de chair* brillante, comme celle de l'Enfant-Dieu, centre d'impression du tableau.

St. Paul préchant à Ephèse, de Lesueur, offre, avec une admirable composition, le même défaut de coloris que la *Femme adultère*. La résultante définitive, tombant sur S. Paul, ne peut être *rouge-vif*, d'après les couleurs

leurs environnantes. Le vêtement de l'apôtre devrait être *violet-pâle,* ce qui indiquerait le rouge à l'esprit, par les motifs énoncés plus haut, et serait la résultante effective du *bleu* et *rouge* des docteurs, et du *gris* et *bleu* des fonds ou accessoires (1).

Vandick, dans son tableau de *S. Augustin en extase*, fait reposer, avec raison, sa résultante *incarnat foncé* sur les traits du respectable visionnaire, que le spectateur observe avidement, comme sujet principal. Qu'on remarque le *noir* de ses vêtemens, le *bleu* de l'ange, l'*indigo* en est la résultante; qu'on jette ensuite les yeux sur le *rouge* et l'*incarnat vif* du Christ et des anges des régions supérieures, on a une seconde résultante, qui, combinée avec la première, donne pour dernier accord l'*incarnat sombre*, qui est en har-

---

(1) J'ai pris mes citations dans le Muséum français, attendu qu'il réunit aujourd'hui presque tous les chefs-d'œuvre que nous avons admirés ailleurs.

monie avec la couleur brune de cette tête chargée d'années et de travaux apostoliques.

Rubens, dans son *Adoration des Mages*, offre le même résultat. La couleur *jaune* des Mages, la teinte *lilas* des vêtemens de Marie, donnent un *incarnat* vif, et tel que le comporte un enfant dont la carnation est plus qu'humaine, et scintille de gloire et de beauté.

La *Kermesse*, ou fête de village, du même auteur, offre une composition agitée et admirablement incohérente, comme un tel désordre l'exige ; mais le coloris est loin d'être assorti au talent des groupes. S'il est vrai qu'en des sujets tumultueux les résultantes ne doivent pas s'accorder aussi scrupuleusement, au moins les différences doivent être légères, et ici celles des groupes, ne donnent jamais la teinte intermédiaire. De là ce ton moucheté que le tableau offre à une certaine distance, et ces taches saccadées de *rouge* et de *bleu* également vifs à tous les plans, et qui en font disparaître l'harmonie.

La *Vierge aux Anges*, de Rubens, ne pourrait-elle pas mériter le même reproche ? Si c'est un tour de force d'avoir groupé aussi naturellement une légion d'anges, les avoir placés presque dans un même plan vertical, a entraîné deux défauts essentiels, l'invraisemblance quant au dessin, et le défaut d'harmonie quant au coloris. Le premier point est évident et généralement connu, ce tableau étant désigné par une dénomination triviale, mais assez pittoresque (1). Le trait tourmenté des groupes, sa force à-peu-près égale, attendu que les anges sont tous dans le même plan vertical, sont la cause de ce défaut. Quant au coloris, la résultante colorée doit évidemment tomber sur la Vierge, et ne peut être *rouge* d'après les accessoires environnans. Cependant il se trouve, au contraire, que le ciel *bleu* où plane le groupe, et la cou-

---

(1) Fraise de veau.

leur *rouge* de la Vierge, donnent la résultante *rosée* de l'incarnat des anges, qui ne sont pas ici le sujet principal. Il me semble qu'il fallait essayer l'inverse, et qu'un coup de lumière, une gloire au centre, changeât cette résultante locale, qui, combinée avec le *bleu* du ciel environnant et l'*incarnat* des anges, produirait au centre une couleur plus douce, un *violet* pâle sur fond lumineux, et non la couleur *rouge* qui existe.

Mais, dira-t-on, en se rappelant nos principes relativement au *centre d'impression*, la couleur rouge étant la plus vive, ce centre se trouve par là mieux déterminé? Je répéterai alors que toutes les fois que ce centre l'est déjà par l'impression des surfaces, il y a redondance de le surcharger en couleur, sur-tout si l'on rompt ainsi l'harmonie. Or, le groupe étant circulaire ici, et la Vierge étant au centre, le centre d'impression y tombe précisément par le trait seul ; il est donc inutile d'y jeter du rouge pour forcer encore l'impression, et on ne devait plus songer qu'à l'harmonie, quant au coloris, ce qu'on n'a pas fait.

Au reste, tout ceci n'est qu'une scrupuleuse application des principes; et lorsque l'admiration est méritée sur tant d'autres points en un tableau, elle rachette amplement une légère observation, dictée uniquement par l'amour de la vérité.

L'école italienne nous fournit de nombreuses citations, relativement à l'harmonie plus ou moins heureuse du coloris; mais on ne peut se dispenser d'observer d'avance avec quelle adresse les peintres de cette école, ont su adopter presque toujours des fonds obscurs ou uniformes, pour simplifier les résultantes colorées. On sent qu'alors les combinaisons n'ont plus lieu qu'entre les personnages, et que les chances si prodigieusement multipliées des résultats des fonds et de ces mêmes personnages, disparaissent alors; telle est l'attention des Carrache et de Raphaël même en beaucoup de sujets.

Le Christ au tombeau, de Schidoné, offre, par ses entours *rouge* et *jaune* et le sombre de la scène, une résultante *orangé-noirâtre*, couleur du corps enseveli qu'on observe. La teinte résultante est d'une précision extrême, et ressort fortement par ce motif; ce qui donne à ce beau tableau le ton funèbre qui le distingue.

Le S. Jérôme, du Dominiquin, présente également pour résultante définitive, des groupes *dorés* de l'autel et des masses *rembrunies* des assistans, un *jaune terreux sombre*, résultante qui convient au corps du vieillard expirant, interposé entre ces résultantes particulières.

Mais s'il faut louer cette admirable composition, quant au trait et au coloris, on ne peut donner les mêmes éloges à la *Vierge du Rosaire* du même auteur. Ce tableau semble la réunion d'une foule de sujets qui, isolément et détachés, seraient admirables en composition et en couleurs, mais qui, réunis, n'offrent ni résultante de groupes, ni résultante de couleurs sur le personnage principal : aussi faut-il le chercher pour le démêler. Les résultantes particulières des surfaces de chaque groupe tombent sur les espaces vides, et les résultantes colorées de ces groupes ne donnent pas le bleu des nuages qui les séparent, et réciproquement.

Le massacre des Innocens, du Guide, sujet si vigoureusement traité en composition, n'offre qu'un seul groupe de cette affreuse scène, mais si brûlant, si énergique, qu'il suffit pour pénétrer de toute l'horreur de l'ensemble. Comme les résultantes linéaires tombent sur le visage égaré des femmes éplorées ! Comme les résultantes colorées s'y portent également ! Les chairs *brunes* des bourreaux, l'*incarnat* pâle des enfans, les vêtemens *rouges* et *bleus*, mais rares, donnent pour résultante ce ton livide qui consonne avec les têtes désespérées des mères. C'est ainsi qu'elles arrachent leurs enfans à la mort, et non en jouant avec les bourreaux, comme on l'observe en des tableaux modernes.

Le S. Jérôme, du Corrège, ouvrage si délicieux en composition, par la grâce qui y règne, offre aussi une harmonie bien entendue. Les vêtemens *jaunes* de la Madeleine, combinés avec le *rouge* de ceux de la Vierge, donnent un *orangé* trop foncé pour l'enfant ; mais une fabrique légère dans le fond, et un ciel pur adoucissent cette résultante, en y joignant un *bleu clair*, et donnent enfin cette carnation légère et divine qu'on remarque au centre. Les autres détails sont calculés avec la même intelligence pour l'harmonie. Le ton rembruni de S. Jérôme, et les autres accessoires de même genre, éteignent les résultantes particulières des bords, et font valoir par-là le centre d'impression linéaire et coloré où est le sujet principal.

Je pourrais citer encore une foule d'ouvrages des grands maîtres d'Italie, d'autant plus exacts en harmonie, qu'ils ont, comme nous l'avons observé, raréfié les fonds pour simplifier les résultantes en avant, et les réduire à celles des personnages. Il suffit, ce me semble, de ces exemples tirés des trois écoles le plus célèbres, pour confirmer les principes que j'essaie de poser sur les accords visuels ou les consonnances, véritables bases de l'harmonie, et je terminerai par quelques citations tirées des tableaux modernes (1).

On peut nommer d'abord les *Sabines* et le *Marcus Sextus*, dont nous avons admiré la juste détermination du centre d'impression en traitant de ce principe ; mais nous avons vu alors que ce centre était tellement le résultat des surfaces combinées avec les résultantes des couleurs, que louer l'un est applaudir à l'autre, et que nous n'avons fait qu'an-

---

(1) Nos citations ne tendent à établir aucune priorité entre les artistes. Nous avons choisi simplement celles qui confirment nos hypothèses.

ticiper alors sur l'observation de la juste harmonie des couleurs qui règne en ces tableaux.

Le nouveau *Bélisaire* de *l'Ecole Française*, offre, avec une composition simple et antique, l'harmonie des couleurs parfaitement observée. Le soleil couchant produit une teinte *orangé vif* et *rougeâtre*, qui, combinée avec le ciel opposé et la teinte *brun-sombre* du précipice, donne pour résultante l'*incarnat* foncé du corps nu du héros malheureux, sur lequel repose l'intérêt principal. Cette même *couleur de chair* sombre, combinée ensuite avec le ciel *vaporeux-clair* sur lequel se détache l'enfant, procure pour résultante un *incarnat* plus vif pour son jeune guide, et c'est ainsi que, de l'une à l'autre, toutes les résultantes doivent donner des accords consonnans avec la couleur des objets qu'elles avoisinent et sur lesquels elles tombent, pour que l'harmonie soit parfaite ; mais on observera, qu'en des sujets simples, le problème est beaucoup plus facile à résoudre qu'en des tableaux d'une exécution plus compliquée.

L'*Endymion*, quoique d'une composition aimable et poétique, nous paraît pécher en harmonie par le sujet même. Le pâle flambeau de Diane ne permet pas aux objets de se colorer assez pour faire sentir les résultantes. De là ce ton forcément olivâtre, monotone, et que quelques draperies vivement colorées eussent racheté difficilement ; mais que l'auteur s'en est bien dédommagé dans le tableau de l'*Apothéose des héros Français !* Quoique la composition soit peut-être un peu serrée, ce que le concours des héros et de leurs admirateurs semblerait autoriser, quelle légèreté dans les teintes, les groupes et les accessoires ! Il semble que le pinceau n'ait fait qu'effleurer la toile, que sillonner des nuages fugitifs, que déposer à leur surface diaphane des couleurs aëriennes, ou plutôt les gouttes de l'Iris ! Quelle vapeur !

quelle vérité dans l'illusion même (1) ! Je considère ce tableau comme un des plus parfaits en *clair-obscur* et par suite en harmonie ; et lorsque le temps aura jeté son crêpe sur l'ouvrage, on le citera avec autant d'éloges que plusieurs chefs-d'œuvre anciens, très-éloignés d'offrir tant de difficultés vaincues.

En terminant nos citations, c'est ici l'instant de parler du superbe tableau de *Phèdre* et *Hippolyte*, d'autant qu'il me paraît retirer une grande partie de son effet de l'exécution de notre principe sur l'unité des centres d'intérêt et d'impulsion mécanique des surfaces. Je n'analyserai point les beautés de détail, les poses, l'expression des traits, sur-tout l'admirable simplicité du groupe, qui présente à-la-fois, en

---

(1) Il est dommage qu'on n'ait pu éviter en cette belle composition l'habit français, aussi ridicule qu'absurde sous les rapports physiques, mécaniques et pittoresques.

contraste, les quatre passions les plus fortes de la vie humaine: l'amour incestueux, l'amour paternel irrité, l'amour filial interdit et la corruption décrépite. Ces beautés ont été senties, appréciées universellement. Je ne remarquerai donc ici que ce qui a rapport au système que je produis, savoir : la *détermination du centre d'intérêt*. Où devait tomber ce point ? évidemment entre Phèdre coupable et Thésée son juge; c'est-là que le spectateur attend l'effet de la calomnie; c'est-là qu'il recueille à-la-fois le souffle passionné de Phèdre et la sentence de l'époux irrité; c'est-là donc que devait le jeter l'impression des surfaces colorées. Aussi, l'on doit remarquer avec quelle adresse le peintre a, comme dans *Marcus-Sextus*, étouffé d'abord, par une demi-teinte, les impressions inférieures des vêtemens ! On voit que l'éclat d'Hyppolite, la *teinte sombre* du père et de sa tunique *vert-foncé*, ainsi que les accessoires de ce côté, font à peine équilibre au coup de lumière partant au-dessus d'OEnone, et sur-tout à la tête *blanche* et voilée de Phèdre épouvantée ! Quelle adresse d'équilibrer à-la-fois presque tout l'éclat du côté gauche, par un brillant coup de lumière frappant sur une seule tête, ce qui rend cette tête à-la-fois centre d'impression de la droite, et cause de la fixation du centre d'intérêt général entre elle et Thésée ! Comme le génie a parlé sans calcul ! il fallait et il a voulu, par tous ces motifs, que le faisceau lumineux s'arrêtât tout entier sur la figure de Phèdre ; qu'il étincelât dans ses yeux incestueux et superbes, dans ces yeux qui font tressaillir une femme coupable, et qui lui permettent à peine de laisser échapper un regard furtif sur l'admirable Hippolyte, dont l'excès de beauté peut seul atténuer l'excès du crime représenté.

Je pourrais nommer encore plusieurs ouvrages bien composés de l'Ecole française moderne ; mais cet ouvrage n'est pas destiné à faire l'énumération des talens précieux que nous possédons ; il s'agit seulement, je le répète, de citations à l'appui des divers problèmes dont j'ai tenté de donner la solution.

Nous avons exposé les diverses altérations qu'éprouvent les couleurs des objets avant d'arriver à l'œil ; nous avons parlé de leurs illusions et de leurs proportions respectives, quand les rayons arrivent dans le plan du tableau ; nous avons établi enfin les principes de l'harmonie des couleurs par la fixation et le choix des résultantes : il resterait à connaître le moyen mécanique de les fixer sur ce plan dans la teinte admise. Ce moyen consiste, comme on sait, dans l'application des matières colorées, tels que les *crayons*, les *pastels*, les *aquareles*, ou teintures végétales, enfin les *couleurs à l'huile* ; mais cette application, purement mécanique, est développée dans un si grand nombre d'ouvrages, avec clarté et méthode, qu'il serait superflu d'en parler.

Je me borne à espérer que nos hypothèses pourront, peut-être, faire faire quelques progrès à cette dernière partie, et qu'en ce point, comme en tous ceux que j'ai essayé de traiter, il se trouvera des résultats utiles, qui feront excuser les idées hasardées ou qui anticipent trop sur l'expérience.

FIN DU DEUXIÈME VOLUME.

TABLE DES MATIÈRES

CONTENUES

DANS CE DEUXIÈME VOLUME.

PEINTURE,	Page 1
De la PEINTURE,	ibid.
De l'imitation des minéraux et végétaux,	2
De l'imitation des corps vivans,	50
De l'harmonie en peinture,	123
De l'harmonie des corps simples,	125

De l'harmonie des composés, 165

De l'harmonie des couleurs, et quelques idées sur le coloris, 198

FIN DE LA TABLE DU DEUXIÈME VOLUME.

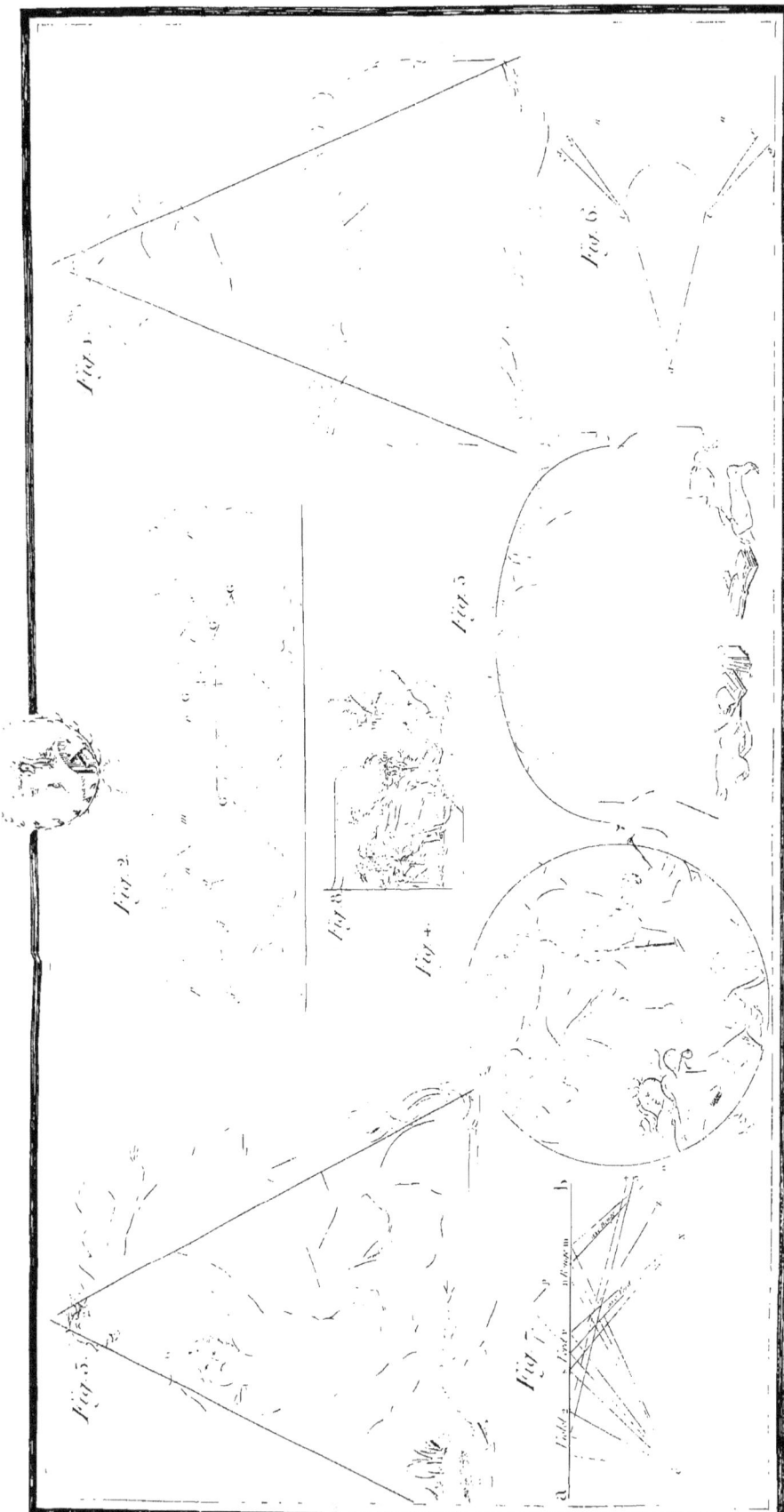

www.ingramcontent.com/pod-product-compliance
Lightning Source LLC
Chambersburg PA
CBHW052246220526
45471CB00001B/213